4 기탄급수한자
급 빨리따기

4급, 4급 Ⅱ 공용 4급은 ⬤⬤⬤⬤

❶과정

KB126990

 왜, 기탄급수한자일까요?

전국적으로 초,중,고 학생들에게 급수한자 열풍이 대단합니다. 2005학년도 대학수학능력시험부터 제 2외국어 영역에 한문과목이 추가되고, 한자공인급수 자격증에 대한 각종 특전이 부여됨에 따라 한자조기 교육에 가속도가 붙고 있습니다. 이러한 교육환경에서 초등학생의 한자학습에 대한 열풍은 자연스럽게 한자능력검정시험에까지 이어지고 있습니다.

이에 발맞추어 기탄교육은 국내 유일의 초등학생 전용 급수한자 학습지「기탄급수한자 빨리따기」를 선보이게 되었습니다.「기탄급수한자 빨리따기」는 초등학생의 수준에 딱 맞도록 구성되어 더욱 쉽고 빠르게 원하는 급수를 취득할 수 있습니다. 이제 초등학생들의 한자능력검정시험 준비는「기탄급수한자 빨리따기」로 시작하세요. 한자학습의 목표를 정해 주어 학습성취도가 높고, 공부하는 재미를 동시에 느낄 수 있습니다.

「기탄급수한자 빨리따기」 이런 점이 좋아요.

- 두꺼운 분량의 문제집이 아닌 각 급수별로 분권하여 학습성취도가 높습니다.
- 충분한 쓰기 연습량으로 목표하는 급수 자격증을 빠르게 취득할 수 있습니다.
- 출제유형을 꼼꼼히 분석한 기출예상문제풀이로 시험대비에 효과적입니다.
- 만화, 전래동화, 수수께끼 등 다양한 학습법으로 지루하지 않게 공부합니다.

한자능력검정시험이란 무엇인가요?

 사단법인 한국어문회에서 주관하고 한국한자능력검정회가 시행하는 한자 활용능력 시험을 말합니다. 1992년 12월 9일 1회 시험이 시행되었고, 2001년 1월 1일 이후로 국가 공인자격시험(1급~3급Ⅱ)으로 치러지고 있습니다.

 한자능력검정시험은 언제, 어떻게 치르나요?

 정규 시험은 공인급수 시험과 교육급수 시험을 별도로 실시합니다. (한국한자능력검정회 홈페이지 참조 http://www.hanja.re.kr)
응시 자격은 8급~특급까지 연령, 성별, 학력 제한 없이 모든 급수에 응시할 수 있습니다.

한자능력검정시험에는 어떤 문제가 나오나요?

급수별로 자세한 내용은 다음과 같습니다.

한자능력검정시험 출제 유형

구분	특급	특급Ⅱ	공인급수					교육급수							
			1급	2급	3급	3급Ⅱ	4급	4급Ⅱ	5급	5급Ⅱ	6급	6급Ⅱ	7급	7급Ⅱ	8급
읽기 배정 한자	5,978	4,918	3,500	2,355	1,817	1,500	1,000	750	500	400	300	225	150	100	50
쓰기 배정 한자	3,500	2,355	2,005	1,817	1,000	750	500	400	300	225	150	50	0	0	0
독음	50	50	50	45	45	45	32	35	35	35	33	32	32	22	24
훈음	32	32	32	27	27	27	22	22	23	23	22	29	30	30	24
장단음	10	10	10	5	5	5	3	0	0	0	0	0	0	0	0
반의어	10	10	10	10	10	10	3	3	3	3	3	2	2	2	0
완성형	15	15	15	10	10	10	5	5	4	4	3	2	2	2	0
부수	10	10	10	5	5	5	3	3	0	0	0	0	0	0	0
동의어	10	10	10	5	5	5	3	3	3	3	2	0	0	0	0
동음이의어	10	10	10	5	5	5	3	3	3	3	2	0	0	0	0
뜻풀이	10	10	10	5	5	5	3	3	3	3	2	2	2	2	0
필순	0	0	0	0	0	0	0	0	3	3	3	3	2	2	2
약자	3	3	3	3	3	3	3	3	3	3	0	0	0	0	0
한자 쓰기	40	40	40	30	30	30	20	20	20	20	20	10	0	0	0

※쓰기 배정 한자는 한두 급수 아래의 읽기 배정 한자이거나 그 범위 내에 있습니다.
※출제 유형표는 기본 지침 자료로서, 출제자의 의도에 따라 차이가 있을 수 있습니다.

한자능력검정시험의 급수는 어떻게 나누어지나요?

 한자능력검정시험은 공인급수와 교육급수로 나누어져 있으며,
8급에서 1급까지 배정되어 있습니다. 특급·특급Ⅱ는 민간자격급수입니다.

한자능력검정시험 급수 배정표

급수		읽기	쓰기	수준 및 특성
교육급수	8급	50	0	한자 학습 동기 부여를 위한 급수
	7급Ⅱ	100	0	기초 상용한자 활용의 초급 단계
	7급	150	0	기초 상용한자 활용의 초급 단계
	6급Ⅱ	225	50	기초 상용한자 활용의 중급 단계
	6급	300	150	기초 상용한자 활용의 고급 단계
	5급Ⅱ	400	225	중급 상용한자 활용의 초급 단계
	5급	500	300	중급 상용한자 활용의 초급 단계
	4급Ⅱ	750	400	중급 상용한자 활용의 중급 단계
	4급	1,000	500	중급 상용한자 활용의 고급 단계
공인급수	3급Ⅱ	1,500	750	고급 상용한자 활용의 초급 단계
	3급	1,817	1,000	고급 상용한자 활용의 중급 단계
	2급	2,355	1,817	상용한자를 활용하는 것은 물론 인명지명용 기초한자 활용 단계
	1급	3,500	2,005	국한혼용 고전을 불편 없이 읽고, 연구할 수 있는 수준 초급
특급Ⅱ		4,918	2,355	국한혼용 고전을 불편 없이 읽고, 연구할 수 있는 수준 중급
특급		5,978	3,500	국한혼용 고전을 불편 없이 읽고, 연구할 수 있는 수준 고급

한자능력검정시험 합격 기준표

구분	특급·특급Ⅱ	공인급수				교육급수								
		1급	2급	3급	3급Ⅱ	4급	4급Ⅱ	5급	5급Ⅱ	6급	6급Ⅱ	7급	7급Ⅱ	8급
출제문항수	200	200	150	150	150	100	100	100	100	90	80	70	60	50
합격문항수	160	160	105	105	105	70	70	70	70	63	56	49	42	35
시험시간	100분	90분	60분			50분								

※특급·특급Ⅱ·1급은 출제 문항수의 80% 이상, 2급~8급은 70% 이상 득점하면 합격입니다.

 한자능력검정시험에 합격하면 어떤 좋은 점이 있나요?

 • 1급~3급Ⅱ를 취득하면 국가 공인 자격증으로서, 초·중·고등학교 생활 기록부
의 자격증란에 기재되고, 4급~8급을 취득하면 세부 능력 및 특기 사항란에 기재됩니다.
• 대학 입시 수시 모집 및 특기자 전형에 지원이 가능합니다.
• 대학 입시 면접에 가산점 부여 및 졸업 인증, 학점 반영 등 혜택이 주어집니다.
• 언론사, 기업체의 입사·승진 등 인사 고과에 반영됩니다.

4급 4급II 한자 1000자를 ①, ②, ③, ④, ⑤과정으로 분권하여 구성하였습니다. 두꺼운 분량의 책으로 공부할 때보다 학습자의 성취감을 높여줍니다.

〈장단음〉
한자의 장단음을 표기하였습니다.
':' 는 長音 漢字표시이며 '(:)'은 長·短 두 가지로 발음되는 漢字 표시입니다.

〈자원〉
한자가 만들어진 유래를 밝혀 음훈의 기억을 돕습니다.
(자원의 해석은 여러 학설이 있습니다.)

〈그림〉
한자의 훈에 해당하는 개념을 그림으로 표현하여 쉽게 이해하도록 합니다.

〈획순〉
한자를 바르게 쓸 수 있도록 획순을 제시하였습니다.
(획순은 학자마다 약간씩 견해 차이가 있습니다.)

〈어휘〉
다른자와 결합된 단어를 학습하여 어휘력을 높이도록 하였습니다.

4급 한자능력검정시험 ①과정

假 거짓 가　　　街 거리 가
暇 겨를 가・틈 가　　刻 새길 각
覺 깨달을 각　　　干 방패 간
看 볼 간　　　　　簡 간략할 간・대쪽 간
甘 달 감　　　　　減 덜 감

〈도입〉
4급 4급Ⅱ 신출한자를 가
나다 순으로 정리하여 그
림과 함께 소개합니다.

글 읽는 고사성어

刻 舟 求 劍

배를 타고 가다가 강에 칼을 떨어뜨리자 나중에 뱃전에 표시해 놓고 찾으려 했다는 뜻으로, 어리석고 미련하여 융통성이 없음을 일컫는 말이다.

〈만화로 익히는 고사성어〉
고사성어를 만화로 표현하여
고사의 유래와 참뜻을 흥미
롭게 익힙니다.

에 알맞은 한자를 쓰세요.

▶ 가로 열쇠

〈퍼즐로 한자를〉
크로스 워드 퍼즐을 통하여 배운
한자의 어휘와 성어를 복습합니다.

및 예상 문제

글을 읽고 물음에 답하시오.

〈기출 및 예상문제〉
시험에 출제되었던 문제와
예상 문제를 통하여 실력을
다집니다.

글에서 밑줄 친 漢字語 (1)~(8)의 讀音을 쓰세요.

다음 한자의 훈음을 잘 알아 보고 빈 칸에 알맞게 쓰세요.

校 학교 교
教 가르칠 교
九 아홉 구
國 나라 국
軍 군사 군
今 이제 금

〈부록〉
8급 7급 한자 150자를
복습합니다.

第1回 漢字能力檢定試驗 4級Ⅱ 問題紙

〈모의 한자능력 검정시험〉
실제시험 출제 유형과 똑같은
모의한자능력검정시험 3회를
통하여 실전감각을 높일 수
있습니다.

〈답안지〉
실제시험과 똑같은 모양의 답안
작성 연습으로 실수를 줄일 수
있습니다.

찾아보기

假(가) ❶–10
↑①과정 ↑10쪽

4급 ①과정 한자능력검정시험

 假 거짓 가

 街 거리 가

 暇 겨를/틈 가

 刻 새길 각

 覺 깨달을 각

 干 방패 간

 看 볼 간

 簡 간략할/대쪽 간

 甘 달 감

 減 덜 감

 敢 감히/구태여 감

 監 볼 감

📝 다음 한자의 훈음을 알아 보고 빈 칸에 알맞게 쓰세요.

훈 거짓　　음 가:

훈 거리　　음 가(:)

人(사람 인)이 뜻부분, 叚(빌릴 가)가 음부분이다. 다른 사람에게 빌린 것이란데서 '**거짓, 가짜**'를 뜻한다.

行(갈 행)이 뜻부분, 圭(옥 규)가 음부분으로 '**길, 거리, 네거리**' 등을 뜻한다.

亻(人)부수 총 11획	假假假假假假假假假假假
假 거짓 **가**	假　假　假　假　假　假　假
	약자 仮

어휘 : 假面(가면) 假名(가명) 假定(가정)　　　　　　　　상대반의어 : 眞(참 진)
사자성어 : 狐假虎威(호가호위) – 남의 권세에 의지하여 위세를 부림.

行부수 총 12획	街街街街街街街街街街街街
街 거리 **가**	街　街　街　街　街　街　街

어휘 : 商街(상가) 街路樹(가로수) 市街地(시가지)　　　　　　유의어 : 路(길 로)
사자성어 : 街談巷說(가담항설) – 세상에 떠도는 뜬 소문.

✏️ 다음 한자의 훈음을 알아 보고 빈 칸에 알맞게 쓰세요.

훈 겨를/틈   음 가:

훈 새길   음 각

日(날 일)이 뜻부분, 叚(빌릴 가)가 음부분으로 날을 빌려 쉴 수 있는 '**겨를, 틈**'을 뜻한다.

亥(돼지 해)가 음부분, 刂(칼 도)가 뜻부분이나 음이 크게 달라졌다. 돼지의 발이나 칼이 모두 파헤치는 성질이 있는데서 '**새기다**'를 뜻한다.

日부수 총 13획	𣇴 刂 叚 日 日 日' 日' 昄 昄 昄 眼 暇 暇 暇

暇

겨를
틈 **가**

어휘 : 閑暇(한가) 休暇(휴가) 餘暇(여가)

刂(刀)부수 총 8획	刻 刻 亥 亥 亥 亥 刻 刻

刻

새길 **각**

사자성어 : 刻骨難忘(각골난망) – 뼈에 깊이 사무치어 결코 잊히지 아니함.
　　　　　 一刻千金(일각천금) – 매우 짧은 시간도 천금과 같이 귀중함.

📝 다음 한자의 훈음을 알아 보고 빈 칸에 알맞게 쓰세요.

훈 깨달을   음 각

훈 방패   음 간

學(배울 학)이 음부분, 見(볼 견)이 뜻부분으로 보고 배운다는 뜻에서 **'깨닫다'** 를 뜻한다.

공격과 방어를 겸하는 무기인 방패 모양을 본 뜬 것으로 **'방패'** 를 뜻한다.

見부수 총 20획	覺覺覺覺覺覺覺覺覺覺覺覺覺覺覺
覺	覺 覺 覺 覺 覺 覺 覺
	약자
깨달을 **각**	覚

┃ 어휘 : 覺書(각서) 感覺(감각) 味覺(미각)

干부수 총 3획	干 干 干
干	干 干 干 干 干 干 干
방패 **간**	

┃ 어휘 : 干支(간지) 若干(약간)   ┃ 모양이 비슷한 한자 : 于(어조사 우), 千(일천 천)

🔵 다음 한자의 훈음을 알아 보고 빈 칸에 알맞게 쓰세요.

看

훈 볼   음 간

簡

훈 간략할/대쪽   음 간(ː)

손(手)을 눈(目) 위에다 대고 먼 곳을 바라보는 모습에서 **'보다'** 를 뜻한다.

竹(대 죽)이 뜻부분, 間(사이 간)이 음부분으로 옛날 대나무를 작게 쪼개어 글을 쓴데서 **'대쪽, 간략하다'** 를 뜻한다.

目부수 총 9획	看看看看看看看看看

看

볼 간

어휘 : 看護(간호) 看過(간과)   모양이 비슷한 한자 : 着(붙을 착)
사자성어 : 走馬看山(주마간산) – 천천히 살펴 볼 틈이 없이 대강 보고 지나침.

竹부수 총 18획	簡簡簡簡簡簡簡簡簡簡簡簡簡簡

簡

간략할
대쪽 간

어휘 : 書簡(서간) 簡單(간단) 簡素(간소)

📝 다음 한자의 훈음을 알아 보고 빈 칸에 알맞게 쓰세요.

훈 달　음 감

훈 덜　음 감:

혀의 모양을 본떠 만든 한자로 **'맛있다'** 에서 의미가 변하여 **'달다'** 를 뜻한다.

氵(물 수)가 뜻부분, 咸(다 함)이 음부분이 되었다. 물이 줄어듦을 의미하여 **'덜다'** 를 뜻한다.

甘부수 총 5획						甘 甘 甘 甘 甘

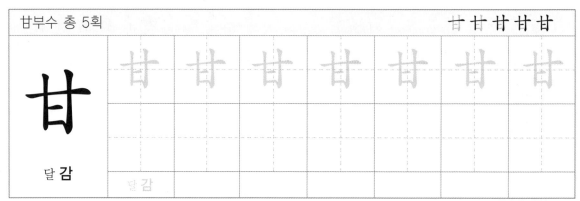

甘
달 **감**

사자성어 : 甘言利說(감언이설) – 남의 비위에 맞도록 꾸민 달콤한 말과 이로운
조건을 내세워 꾀는 말.　　　　　상대반의어 : 苦(쓸 고)

氵(水)부수 총 12획					減減減減減減減減減減減減

減
덜 **감**

약자
減

어휘 : 減少(감소) 增減(증감)　　　　　상대반의어 : 增(더할 증), 加(더할 가)

월   일   이름: 확인:

🖊 다음 한자의 훈음을 알아 보고 빈 칸에 알맞게 쓰세요.

敢
훈 감히/구태여   음 감:

손에 창 같은 무기를 들고(攵:칠 복) 씩씩하게
싸우는 모습을 본뜬 것으로 **'굳세다, 감히, 구태
여'** 등을 뜻한다.

監
훈 볼   음 감

그릇(皿) 앞에 엎드려 앉아서(臥) 들여다보고
있는 모습에서 **'보다'** 를 뜻한다.

攵(攴)부수 총 12획   敢 敢 敢 敢 敢 敢 敢 敢 敢 敢 敢

敢

감히
구태여 **감**

어휘 : 敢行(감행) 勇敢(용감) | 모양이 비슷한 한자 : 取(취할 취)
사자성어 : 敢不生心(감불생심) – 힘이 부쳐 감히 엄두도 내지 못함.

皿부수 총 14획   監 監 監 監 監 監 監 監 監 監 監 監 監

監

볼 **감**

약자
监

어휘 : 監視(감시) 監房(감방) | 유의어 : 視(볼 시)

❶ 다음 漢字語의 讀音을 쓰세요.

(1) 發覺　　(　　　)　　(2) 假面　　(　　　)

(3) 果敢　　(　　　)　　(4) 看板　　(　　　)

(5) 時刻　　(　　　)　　(6) 休暇　　(　　　)

(7) 減量　　(　　　)　　(8) 商街　　(　　　)

(9) 寸刻　　(　　　)　　(10) 覺書　　(　　　)

(11) 病暇　　(　　　)　　(12) 假定　　(　　　)

(13) 刻苦　　(　　　)　　(14) 假說　　(　　　)

(15) 街路樹　(　　　)　　(16) 正刻　　(　　　)

(17) 市街地　(　　　)　　(18) 感覺　　(　　　)

(19) 甘草　　(　　　)　　(20) 先覺　　(　　　)

(21) 敢行　　(　　　)　　(22) 看病　　(　　　)

(23) 假橋　　(　　　)　　(24) 看過　　(　　　)

(25) 書簡文　(　　　)　　(26) 假令　　(　　　)

(27) 假名　　(　　　)　　(28) 街道　　(　　　)

(29) 減少　　(　　　)　　(30) 簡便　　(　　　)

❷ 다음 漢字의 訓과 音을 쓰세요.

(1) 覺　　(　　　)　　(2) 減　　(　　　)

(3) 敢　　(　　　)　　(4) 刻　　(　　　)

(5) 假　　(　　　)　　(6) 干　　(　　　)

(7) 監　　(　　　)　　(8) 簡　　(　　　)

(9) 甘　　(　　　)　　(10) 街　　(　　　)

❸ 다음 밑줄 친 漢字語를 漢字로 쓰세요.

(1) 핵전쟁이 일어난다고 가정해 보자. 인류의 멸망은 불을 보듯 분명한 일이다.

(2) 거리의 가로수가 잘 정리되어 있습니다.

(3) 각고의 노력을 기울여야 한다.

(4) 감언이설에 속아 넘어가서는 안된다.

(5) 그는 항상 과감한 행동을 하는 편이다.

(6) 약방의 <u>감초</u>.

(7) <u>가면</u> 무도회가 곧 열릴 것이다.

(8) <u>휴가</u>를 어떻게 보낼 예정이에요?

(9) 그에게 <u>각서</u>를 받았다.

(10) 지금의 환경오염은 <u>간과</u>할 수 없는 상태입니다.

❹ 다음 訓과 音에 맞는 漢字를 쓰세요.

(1) 새길 각   (   )   (2) 간략할 /대쪽 간   (   )

(3) 거짓 가   (   )   (4) 깨달을 각   (   )

(5) 겨를/틈 가   (   )   (6) 방패 간   (   )

❺ 다음에 例示한 漢字語 중에서 앞 글자가 長音으로 發音되는 것을 골라 그 番號를 쓰세요.

(1) ① 甘草 ② 假令 ③ 看過 ④ 刻苦

(2) ① 間食 ② 時刻 ③ 自覺 ④ 書簡

(3) ① 看板 ② 加減 ③ 街頭 ④ 甘草

(4) ① 監査 ② 休暇 ③ 感覺 ④ 分明

❻ 다음 漢字와 뜻이 상대 또는 반대되는 漢字를 써서 漢字語를 만드세요.

| 例 | 江 – (山) |

(1) 加 – (   )   (2) (   ) – 苦

(3) 主 – (   )   (4) 天 – (   )

❼ 다음 漢字와 뜻이 비슷한 漢字를 써서 漢字語를 만드세요.

| 例 | 河 – (川) |

(1) 年 – (   )   (2) (   ) – 體

(3) (   ) – 服   (4) (   ) – 術

⑧ 다음 漢字語의 (　　)안에 알맞은 漢字를 쓰세요.

> 例　　見(物)生心 : 실물을 보면 욕심이 생김

(1) 一(　　　)千金 : 매우 짧은 시간도 천금과 같이 귀중함
(2) (　　　)言利說 : 남의 비위에 맞도록 꾸민 달콤한 말과 이로운 조건을 내세워
　　　　　　　　　꾀는 말
(3) (　　　)不生心 : 힘이 부쳐 감히 엄두도 내지 못함
(4) (　　　)心三日 : 마음 먹은 일이 3일을 가지 못함. 결심이 굳지 못함을 빗대어
　　　　　　　　　이르는 말

⑨ 다음 漢字의 部首로 맞는 것을 골라 그 番號를 쓰세요.

(1) 刻 - (① 亠 ② 刂 ③ 人 ④ 亥)
(2) 街 - (① 彳 ② 土 ③ 行 ④ 圭)
(3) 假 - (① 亻 ② 叚 ③ 又 ④ 假)
(4) 干 - (① 一 ② 二 ③ 十 ④ 干)
(5) 簡 - (① 竹 ② 門 ③ 日 ④ 間)
(6) 監 - (① 臣 ② 血 ③ 皿 ④ 監)

⑩ 다음 漢字와 소리는 같으나 뜻이 다른 漢字語를 쓰세요.

> 例　　山水 - (算數)

(1) 監事 - (　　　　)　　　(2) 假名 - (　　　　)
(3) 感量 - (　　　　)　　　(4) 冬期 - (　　　　)

⑪ 다음 漢字語의 뜻을 쓰세요.

(1) 書簡 :　　　　　　　　(2) 先覺 :
(3) 看過 :　　　　　　　　(4) 敢行 :

⑫ 다음 漢字의 略字(획수를 줄인 漢字)를 쓰세요.

(1) 假 - (　　　　)　　　(2) 覺 - (　　　　)
(3) 賣 - (　　　　)　　　(4) 鐵 - (　　　　)

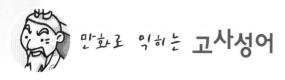

만화로 익히는 **고사성어**

九아홉구 牛소우 一한일 毛털모

九牛一毛는 대단히 많은 것 중의 아주 적은 부분이나 하찮고 미미한 것을 가리키는 성어이다.

아래의 풀이에 알맞은 한자를 쓰세요.

					③走		④
①	②木						
							④人
					⑤		
⑥校		⑦男		言			
				⑧害		算	
		老					
	⑨						

▶ **가로 열쇠**

① 거리의 미관과 국민 보건을 위하여 길을 따라 줄지어 심은 나무
③ 말을 타고 달리며 산천을 구경한다는 뜻으로 사물의 겉만을 대강 보고 지나감
⑥ 학교나 학생이 수업을 한동안 쉬는 것
⑧ 이로운가 해로운가를 따져 셈함
⑨ 줄어서 적어지는 것

▼ **세로 열쇠**

② 많은 종의 나무를 심어 그 생태를 연구하면서 동시에 일반에게 공개하는 장소
④ 환자의 병을 구완하는 사람
⑤ 남의 비유에 맞도록 꾸민 달콤한 말과 이로운 조건을 내세워 꾀는 말
⑥ 학업 또는 근무를 일정한 기간 동안 쉬는 일
⑦ 남자와 여자, 늙은이와 젊은이

4급 ①과정 한자능력검정시험

 甲 갑옷 갑

 降 내릴 강 / 항복할 항

 康 편안 강

 講 욀 강

 個 낱 개

 更 다시 갱 / 고칠 경

 巨 클 거

 居 살 거

 拒 막을 거

 據 근거 거

 傑 뛰어날 걸

 儉 검소할 검

✎ 다음 한자의 훈음을 알아 보고 빈 칸에 알맞게 쓰세요.

훈 갑옷   음 갑

갑옷에 이어 붙인 조각들의 모습을 본뜬 글자로 **'갑옷'** 을 뜻한다.

훈 내릴/항복할   음 강ː/항

阜(언덕 부)가 뜻부분, 夅(내릴 강)이 음부분으로 비탈 위에서 **'내려오다'** 를 뜻하며 **'항복하다'** 는 뜻으로도 쓰인다.

田부수 총 5획   甲甲甲甲甲

甲

갑옷 **갑**

甲	甲	甲	甲	甲	甲
갑옷 갑					

어휘 : 甲富(갑부) 回甲(회갑) | 모양이 비슷한 한자 : 申(펼 신), 由(말미암을 유)
사자성어 : 甲男乙女(갑남을녀) – 평범한 보통 사람.

阝(阜)부수 총 9획   降降降降降降降降降

降

내릴 **강**
항복할 **항**

降	降	降	降	降	降	降
내릴 강/항복할 항						

어휘 : 降雨量(강우량) 降服(항복) | 상대반의어 : 昇(오를 승 : 준3급)

📝 다음 한자의 훈음을 알아 보고 빈 칸에 알맞게 쓰세요.

康

훈 편안   음 강

講

훈 욀   음 강:

庚(경)이 음부분, 대칭으로 찍힌 네 개의 점(米)이 뜻부분으로 '**편안하다, 튼튼하다**'를 뜻한다.

言(말씀 언)은 말, 冓(얽을 구)는 얽어 짠다는 것으로 여러 가지 의견을 얽어 짠다는데서 '**강론하다, 외다**'를 뜻한다.

广부수 총 11획			一广广广户户序序序康康			
康 편안 **강**						

어휘 : 平康(평강) 健康(건강)   유의어 : 寧(편안할 녕 : 준3급)

言부수 총 17획			言言言計計計計計講講講講			
講 욀 **강**						

어휘 : 講義(강의) 講堂(강당) 開講(개강)

📝 다음 한자의 훈음을 알아 보고 빈 칸에 알맞게 쓰세요.

훈 낱   음 개(:)

人(사람 인)이 뜻부분, 固(굳을 고)가 음부분이다. '낱개'를 뜻하며 물건을 세는 단위로 쓰인다.

훈 다시/고칠   음 갱:/경

丙(남녘 병)이 음부분, 攵(칠 복)이 뜻부분이다. 때려서 잘못을 바로잡다라는 뜻을 지닌데서 후에 '고치다, 바꾸다'를 뜻하게 되었다.

亻(人)부수 총 10획	個 個 個 個 個 個 個 個 個 個
個 낱 개	個 個 個 個 個 個 個

어휘 : 個人(개인) 個別(개별) 個性(개성)

日부수 총 7획	更 更 更 更 更 更 更
更 다시 갱 고칠 경	更 更 更 更 更 更 更

어휘 : 變更(변경) 更新(갱신/경신) 更生(갱생)

✏️ 다음 한자의 훈음을 알아 보고 빈 칸에 알맞게 쓰세요.

훈클   음거:

훈살   음거

장인이 커다란 자(尺)를 들고 있는 모습을 본뜬 글자로 '**크다, 거대하다**'를 뜻한다.

尸(주검 시)가 뜻부분, 古(예 고)가 음부분이다. 사람이 굴에 머물다는 뜻에서 '**살다, 거처하다**'를 뜻한다.

工부수 총 5획	ⴻ ⴼ ⴼ ⴿ 巨 (⎸ ⴼ ⴼ ⴿ 巨)

巨
클 **거**

어휘 : 巨富(거부) 巨人(거인)

유의어 : 大(큰 대)
모양이 비슷한 한자 : 臣(신하 신)

尸부수 총 8획	居 居 居 居 居 居 居 居

居
살 **거**

어휘 : 居住(거주) 同居(동거)

유의어 : 住(살 주)

사자성어 : 居安思危(거안사위) – 편안할 때도 위태로울 때의 일을 생각하라는 뜻.

📝 다음 한자의 훈음을 알아 보고 빈 칸에 알맞게 쓰세요.

훈 막을　　음기:

훈 근거　　음기:

扌(손 수)가 뜻부분, 巨(클 거)가 음부분으로 손으로 '막다' 라는 뜻을 나타낸다. '어기다, 겨루다' 라는 뜻으로도 쓰인다.

扌(손 수)가 뜻부분, 豦(원숭이 거)가 음부분으로 '근거하다, 의지하다, 의거하다' 를 뜻한다.

扌(手)부수 총 8획				拒 拒 拒 拒 拒 拒 拒 拒			
拒 막을 **거**	拒	拒	拒	拒	拒	拒	拒
	막을 거						

| 어휘 : 拒絕(거절)　拒否(거부)　拒逆(거역)

扌(手)부수 총 16획				據 據 據 據 據 據 據 據 據 據 據 據			
據 근거 **거**	據	據	據	據	據	據	據
	근거 거						약자 拠

| 어휘 : 證據(증거)　根據(근거)　依據(의거)

📎 다음 한자의 훈음을 알아 보고 빈 칸에 알맞게 쓰세요.

傑

훈뛰어날　음걸

人(사람 인)이 뜻부분, 桀(뛰어날 걸)이 음부분이다. '재주와 슬기가 뛰어난 사람'을 뜻한다.

儉

훈검소할　음검:

人(사람 인)이 뜻부분, 僉(다 첨)이 음부분으로 '검소하다'를 뜻한다.

亻(人)부수 총 12획　　傑 傑 傑 傑 傑 傑 傑 傑 傑 傑

傑

뛰어날 걸

약자
杰

| 어휘 : 傑作(걸작) 傑出(걸출) | 상대반의어 : 拙(졸할 졸 : 준3급) |

亻(人)부수 총 15획　　儉 儉 儉 儉 儉 儉 儉 儉 儉 儉 儉 儉 儉 儉 儉

儉

검소할 검

약자
倹

| 어휘 : 儉素(검소) 儉約(검약) | 유의어 : 節(아낄 절) |
| | 모양이 비슷한 한자 : 檢(검사할 검), 險(험할 험) |

❶ 다음 漢字語의 讀音을 쓰세요.

(1) 別個 (   )   (2) 鐵甲 (   )

(3) 更新 (   )   (4) 降服 (   )

(5) 降雨量 (   )   (6) 變更 (   )

(7) 講堂 (   )   (8) 巨物 (   )

(9) 女傑 (   )   (10) 更正 (   )

(11) 個性 (   )   (12) 傑出 (   )

(13) 特講 (   )   (14) 更生 (   )

(15) 儉約 (   )   (16) 健康 (   )

(17) 個體 (   )   (18) 傑作 (   )

(19) 講讀 (   )   (20) 下降 (   )

❷ 다음 漢字의 訓과 音을 쓰세요.

(1) 巨 (   )   (2) 傑 (   )

(3) 拒 (   )   (4) 講 (   )

(5) 儉 (   )   (6) 更 (   )

(7) 甲 (   )   (8) 降 (   )

(9) 康 (   )   (10) 據 (   )

❸ 다음 漢字語를 漢字로 쓰세요.

(1) 근거(①근본이 되는 거점 ②의견 · 추측 · 주장 등에 대해 , 그것이 옳음을
          뒷받침 해 주는 사실이나 이치)

(2) 하강(높은 데에서 낮은 곳으로 옮겨 가는 것)

(3) 검약(낭비하지 않고 아껴 쓰는 것)

(4) 건강(몸에 병이 없이 좋은 기능을 가진 상태에 있는 것)

(5) 강독(글을 읽고 그 뜻을 밝히는 것)

(6) 걸작(뛰어난 작품)

(7) 갱신(다시 새로워지거나 새롭게 하는 것)

(8) 거두(어떤 조직이나 분야에서 주요한 자리를 차지하고 있는 우두머리)

(9) 개성(개개인이 가지는 고유한 특성)

(10) 항복(힘에 눌려 적에게 굴복하는 것)

❹ 다음에 例示한 漢字語 중에서 앞 글자가 長音으로 發音되는 것을 골라 그 番號를 쓰세요.

(1) ① 健康　② 人傑　③ 別居　④ 思考

(2) ① 根據　② 强國　③ 降雨　④ 居室

(3) ① 居住　② 長短　③ 傑出　④ 儉約

❺ 다음 漢字와 뜻이 상대 또는 반대되는 漢字를 써서 漢字語를 만드세요.

例　　江 – (山)

(1) 强 – (　　　　)　　　　　　　　(2) (　　　　) – 落

(3) (　　　　) – 來

❻ 다음 漢字와 뜻이 비슷한 漢字를 써서 漢字語를 만드세요.

例　　河 – (川)

(1) 健 – (　　　　)　　　　　　　　(2) (　　　　) – 約

(3) (　　　　) – 去

❼ 다음 漢字語의 (　　)안에 알맞은 漢字를 쓰세요.

例　　見(物)生心 : 실물을 보면 욕심이 생김

(1) 有口無(　　　) : 변명할 말이 없음

(2) 交友以(　　　) : 세속 오계의 하나. 벗은 믿음으로써 사귀어야 함

8 다음 漢字의 部首로 맞는 것을 골라 그 番號를 쓰세요.

(1) 甲 – (① 丨 ② 口 ③ 田 ④ 甲)

(2) 降 – (① 阝 ② 夂 ③ 降 ④ 于)

(3) 康 – (① ヨ ② 隶 ③ 广 ④ 亅)

(4) 個 – (① 亻 ② 囗 ③ 古 ④ 固)

9 다음 漢字와 소리는 같으나 뜻이 다른 漢字語를 쓰세요.

例	山水 – (算數)

(1) 貴重 – ( ) (2) 改正 – ( )

(3) 公約 – ( )

10 다음 漢字의 略字(획수를 줄인 漢字)를 쓰세요.

(1) 儉 – ( ) (2) 據 – ( )

(3) 賣 – ( ) (4) 傑 – ( )

11 다음 □ 주변의 4개 漢字를 화살표 방향으로 결합해서 단어가 될 수 있는 공통 漢字를 〈例〉에서 골라 그 番號를 쓰세요.

例	① 個 ② 學 ③ 覺 ④ 刻

(1)
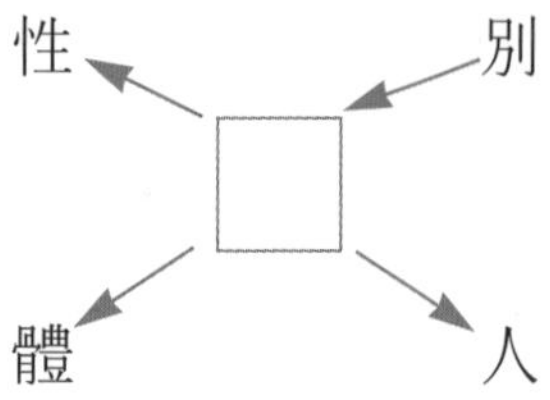

(2)
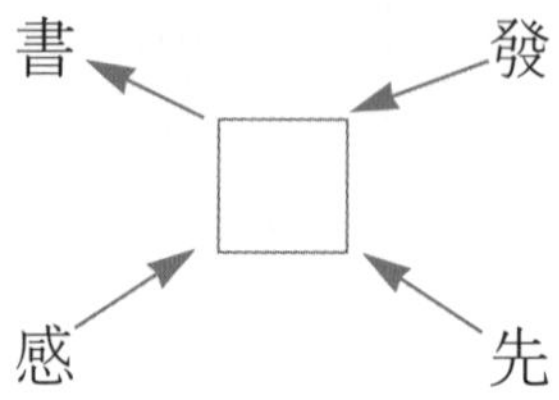

만화로 익히는 **고사성어**

刻 새길 각 舟 배 주 求 구할 구 劍 칼 검

刻舟求劍이란 **미련하여 시대의 흐름을 잘 모르거나 관습에 얽매여서 융통성이 없음**을 일컫는 말이다.

춘추전국시대 초나라 사람이 배를 타고 강을 건너고 있었다.

배가 강 가운데 왔을 때 실수로 칼을 빠뜨리자

앗! 내 보검이…

첨벙

배를 멈추시오.

이 곳에 표시를 해두고 나중에 찾아야겠군.

네. 좋은 생각 이군요.

칼이 떨어진 곳을 배에 표시를 하였다.

풍덩

그는 배(舟)가 멈추자 새겨진(刻) 곳을 따라 물 속에 들어가서 칼(劍)을 찾았으나(求) 배는 이미 지나 왔고 칼은 떨어진 장소에 그대로 가라 앉아 있으니 칼을 찾을 수가 없었다.

아래의 풀이에 알맞은 한자를 쓰세요.

(퍼즐 격자)

② 服
① 富 雨 ③
④ 實
⑤ 堂
⑥ 人
⑦ 變 ⑧ ⑨ ⑩ 素
⑪ 女
⑫

▶ 가로 열쇠
① 평범한 사람을 일컫는 말
② 힘에 눌려 적에게 굴복하는 것
③ 몸에 병이 없이 좋은 기능을 가진 상태에 있는 것
⑤ 강의나 의식을 행하는 건물 또는 방
⑥ 낱낱의 사람
⑦ 그 내용을 다르게 바꾸어서 고치는 것
⑨ 사치하지 않고 수수하다
⑫ 뛰어난 작품

▼ 세로 열쇠
① 첫째가는 부자
② 일정한 장소에 일정 기간 동안 내린 비의 양
③ 건전하고 착실함
④ 특별히 마련한 강의
⑥ 개개인이 가지는 고유한 특성
⑧ 다시 새로워지거나 새롭게 하는 것
⑩ 꾸밈이나 거짓이 없이 있는 그대로
⑪ 호걸스러운 여자

4급 ①과정 한자능력검정시험

 檢 검사할 검

 擊 칠 격

 堅 굳을 견

 潔 깨끗할 결

 經 지날/글 경

 慶 경사 경

 激 격할 격

 犬 개 견

 缺 이지러질 결

 傾 기울 경

 境 지경 경

 警 깨우칠 경

📝 다음 한자의 훈음을 알아 보고 빈 칸에 알맞게 쓰세요.

훈 검사할   음 검:

木(나무 목)이 뜻부분, 僉(다 첨)이 음부분이다.
'검사하다'를 뜻한다.

훈 격할   음 격

물(氵)이 바위에 부딪치는 모양에서 (물살이)
'빠르다, 격렬하다'를 뜻한다.

木부수 총 17획	檢檢檢檢檢檢檢檢

檢

검사할 **검**

약자
検

어휘 : 檢査(검사) 檢察(검찰)	모양이 비슷한 한자 : 儉(검소할 검), 險(험할 험)

氵(水)부수 총 16획	激激激激激激激激激激激激激激激激

激

격할 **격**

어휘 : 激動(격동) 感激(감격) 激烈(격렬)
사자성어 : 自激之心(자격지심) – 자기가 한 일에 대하여 자기 스스로 미흡하게 여기는 마음.

🪙 다음 한자의 훈음을 알아 보고 빈 칸에 알맞게 쓰세요.

擊　　　　　　　　　　　犬

훈칠　음격　　　　　　　　　　　훈개　음견

手(손 수)가 뜻부분, 毄(떨칠 격)이 음부분이　　　**'개'**의 모양을 본뜬 글자이다.
다. **'치다, 부딪치다'**를 뜻한다.　　　　　　　　犬의 점(ヽ)은 개의 귀 모양을 본뜬 것이다.

手부수 총 17획	一 曰 曰 車 車 車 車 毄 毄 擊

擊
칠 **격**

어휘 : 擊破(격파) 攻擊(공격)　　　　　　　　　유의어 : 打(칠 타), 攻(칠 공)

犬부수 총 4획	一 ナ 大 犬

犬
개 **견**

어휘 : 愛犬(애견) 忠犬(충견)　　　　　　　　유의어 : 狗(개 구 : 3급)
사자성어 : 犬馬之勞(견마지로) – 개와 말의 수고로움. 임금이나 나라에 정성껏 충성을 다함.

📝 다음 한자의 훈음을 알아 보고 빈 칸에 알맞게 쓰세요.

훈 굳을   음 견

土(흙 토)가 뜻부분으로 쓰여 굳는다는데서 '굳다'를 뜻한다.

훈 이지러질   음 결

그릇이 깨지다라는 뜻이었으나 후에 '모자라다, 빠지다, 거르다' 등을 뜻하게 되었다.

土부수 총 11획

堅堅堅堅堅堅堅堅堅堅堅

堅堅堅堅堅堅堅

약자
堅

堅
굳을 **견**

굳을 견

| 어휘 : 堅固(견고) 堅實(견실) | 모양이 비슷한 한자 : 竪(설 수 : 1급)
유의어 : 固(굳을 고) |

缶부수 총 10획

缺缺缺缺缺缺缺缺缺缺

缺缺缺缺缺缺缺

약자
欠

缺
이지러질 **결**

이지러질 결

| 어휘 : 缺席(결석) 缺食(결식) 缺格(결격) |

📝 다음 한자의 훈음을 알아 보고 빈 칸에 알맞게 쓰세요.

潔

훈 깨끗할   음 결

水(물 수)가 뜻부분, 絜(깨끗할 결)이 음부분이다. 깨끗한 물이라는데서 **'깨끗하다'** 를 뜻한다.

傾

훈 기울   음 경

人(사람 인)이 뜻부분, 頃(기울 경)이 음부분이다. (머리를) **'기울이다'** 를 뜻한다.

氵(水)부수 총 15획	氵 氵 氵 氵 沣 沣 潔 潔 潔 潔 潔 潔 潔

潔

깨끗할 **결**

어휘 : 潔白(결백) 淸潔(청결)   유의어 : 淨(깨끗할 정 : 준3급), 淸(맑을 청)
사자성어 : 淸廉潔白(청렴결백) – 마음이 맑고 깨끗하며 재물 욕심이 없음.

亻(人)부수 총 13획	亻 亻 亻 仴 佰 佰 傾 傾 傾 傾

傾

기울 **경**

어휘 : 傾聽(경청) 傾向(경향)   유의어 : 斜(기울 사 : 3급)
사자성어 : 傾國之色(경국지색) – 한 나라를 기울게 할 만한 썩 뛰어난 미인.

✏️ 다음 한자의 훈음을 알아 보고 빈 칸에 알맞게 쓰세요.

훈 지날/글   음 경

훈 지경   음 경

糸(실 사)가 뜻부분, 巠(물줄기 경)이 음부분이다. **'지나다, 다스리다'**를 뜻한다.

土(흙 토)가 뜻부분, 竟(다할 경)이 음부분으로 **'땅의 경계'**를 뜻한다.

糸부수 총 13획						經 經 經 經 經 經 經 經
經 지날 글 **경**	經	經	經	經	經	經
						약자 **経**
	지날/글 경					

어휘 : 經書(경서) 經濟(경제)
사자성어 : 牛耳讀經(우이독경) – 아무리 가르치고 일러 주어도 알아듣지 못함.

土부수 총 14획						境 境 境 境 境 境 境 境 境 境 境
境 지경 **경**	境	境	境	境	境	境
	지경 경					

어휘 : 境界(경계) 國境(국경)   유의어 : 界(지경 계)

📝 다음 한자의 훈음을 알아 보고 빈 칸에 알맞게 쓰세요.

훈 경사   음 경:

훈 깨우칠   음 경:

축하할 일이 있을 때 마음(心)과 귀한 예물(鹿) 등으로 축하한데서 '**경사**'를 뜻한다.

言(말씀 언)이 뜻부분, 敬(공경 경)이 음부분으로 '**타이르다, 깨우치다**'를 뜻한다.

心부수 총 15획			广 庐 庐 庐 庐 庐 庐 庐 應 應 應 慶 慶 慶
慶 경사 **경**			

어휘 : 慶事(경사) 國慶日(국경일) 慶祝(경축)

言부수 총 20획			芍 芍 苟 苟 敬 敬 警 警 警 警 警
警 깨우칠 **경**			

어휘 : 警戒(경계) 警告(경고)   유의어 : 戒(경계할 계)

※ 다음 글을 읽고 물음에 답하시오.(❶ ~ ❷)

　　학문의 세계⁽⁹⁾에서도 이와 같은 순리와 상식의 진리가 존중되어야 할 터이다. 특히 작금⁽¹⁰⁾의 대학 현실을 염두에 둘 때 이는 切實⁽¹⁾한 요구이다. 대학의 가치와 역할을 과연⁽¹¹⁾ 어디에 둘 것인가 하는 것은 여전히 숙고해야 할 문제⁽¹²⁾이다. 대세만을 쫓아 현실⁽¹³⁾을 그대로 추수하는 태도에서 나온 방안은 시간⁽¹⁴⁾이 經過⁽²⁾하면 서서히 부작용을 드러낼 것이다. 인간의 행복⁽¹⁵⁾에 기여하기 위해 존재하는 것이 학문이라면, 인간 자신을 탐구하고 계발하기 위한 지식⁽¹⁶⁾을 버리고 어찌 학문을 말할 수 있을 것인가 하는 의문이 든다.

　　인문학에 대한 無關心⁽³⁾은 그런 점에서 대단히 우려되는 광경이다. 인류사의 전개는 物質的⁽⁴⁾인 풍요만으로 인간이 행복할 수 없으며 그 사회 또한 선진국이 될 수 없다는 事實⁽⁵⁾을 분명⁽¹⁷⁾히 말해주고 있다. 진실을 말하자면 인간의 행복이란, 현실의 삶과 내면적⁽¹⁸⁾인 정신의 삶의 일치에 의해서만 실현될 수 있는 性質⁽⁶⁾의 것이다. 여기서 현실의 方便⁽⁷⁾이거나 도구로만 사용되는 지식을 추구하는 것이 학문의 바른 길이 아님은 명백하다. 진정한 학문은 앎과 삶의 일치를 도모하는 것이라야 한다. 그것은 이상과 현실을 매개하고 이론과 실천의 합일을 꾀해 나가는 중단 없는 作業⁽⁸⁾이다.

❶ 윗글에서 밑줄 친 漢字語 (1)~(8)의 讀音을 쓰세요.

(1) 切實	(　　)	(2) 經過	(　　)	
(3) 無關心	(　　)	(4) 物質的	(　　)	
(5) 事實	(　　)	(6) 性質	(　　)	
(7) 方便	(　　)	(8) 作業	(　　)	

❷ 윗글에서 밑줄 친 漢字語 (9)~(18)를 漢字로 쓰세요.

(9) 세계	(　　)	(10) 작금	(　　)	
(11) 과연	(　　)	(12) 문제	(　　)	
(13) 현실	(　　)	(14) 시간	(　　)	
(15) 행복	(　　)	(16) 지식	(　　)	
(17) 분명	(　　)	(18) 내면적	(　　)	

❸ 다음 漢字語의 讀音을 쓰세요.

(1) 缺席   (   )   (2) 傾向   (   )

(3) 慶事   (   )   (4) 堅固   (   )

(5) 感激   (   )   (6) 慶祝   (   )

(7) 淸潔   (   )   (8) 打擊   (   )

(9) 愛犬   (   )   (10) 激變   (   )

(11) 堅實   (   )   (12) 缺格   (   )

(13) 檢問   (   )   (14) 潔白   (   )

(15) 簡潔   (   )   (16) 檢事   (   )

(17) 經歷   (   )   (18) 經過   (   )

(19) 境界   (   )   (20) 檢定   (   )

❹ 다음 漢字의 訓과 音을 쓰세요.

(1) 檢   (   )   (2) 激   (   )

(3) 擊   (   )   (4) 警   (   )

(5) 堅   (   )   (6) 缺   (   )

(7) 潔   (   )   (8) 傾   (   )

(9) 經   (   )   (10) 境   (   )

❺ 다음에 例示한 漢字語 중에서 앞 글자가 長音으로 發音되는 것을 골라 그 番號를 쓰세요.

(1) ① 高潔 ② 檢查 ③ 堅實 ④ 缺席

(2) ① 國境 ② 過激 ③ 犬馬 ④ 調理

(3) ① 激流 ② 缺禮 ③ 地境 ④ 慶祝

❻ 다음 漢字와 뜻이 상대 또는 반대되는 漢字를 써서 漢字語를 만드세요.

例   江 – (山)

(1) 曲 – (   )   (2) 利 – (   )

(3) (   ) – 死

월   일 이름   확인

❼ 다음 漢字와 뜻이 비슷한 漢字를 써서 漢字語를 만드세요.

> 例   河 - (川)

(1) 打 - (   )   (2) 淸 - (   )
(3) (   ) - 固

❽ 다음 漢字語의 (   )안에 알맞은 漢字를 쓰세요.

> 例   見(物)生心 : 실물을 보면 욕심이 생김

(1) (   )國之色 : 한 나라를 기울게 할 만한 썩 뛰어난 미인
(2) (   )馬之勞 : 개와 말의 수고로움. 임금이나 나라에 정성껏 충성을 다함
(3) 自(   )之心 : 자기가 한 일에 대하여 자기 스스로 미흡하게 여기는 마음
(4) 牛耳讀(   ) : 아무리 가르치고 일러 주어도 알아 듣지 못함

❾ 다음 漢字의 部首로 맞는 것을 골라 그 番號를 쓰세요.

(1) 堅 (① 臣 ② 又 ③ 土 ④ 堅)
(2) 警 (① 警 ② 艹 ③ 言 ④ 夂)
(3) 慶 (① 广 ② 心 ③ 夂 ④ 慶)
(4) 激 (① 攴 ② 白 ③ 方 ④ 氵)

❿ 다음 漢字와 소리는 같으나 뜻이 다른 漢字語를 쓰세요.

> 例   山水 - (算數)

(1) 敬老 - (   )   (2) 改良 - (   )
(3) 級數 - (   )

⓫ 다음 漢字의 略字(획수를 줄인 漢字)를 쓰세요.

(1) 堅 - (   )   (2) 經 - (   )
(3) 檢 - (   )   (4) 缺 - (   )

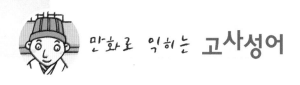

改 고칠 개   過 허물 과   遷 옮길 천   善 착할 선

改過遷善은 주처와 같이 **자신의 잘못된 행동을 고쳐서 착하게 된 경우**를 이르는 말이다.

왜 모두들 나를 피하는 거요?

우리 마을에는 세 가지 해로움이 있는데, 첫째는 남산에 사는 사나운 호랑이고, 둘째는 장교 아래 사는 교룡이며, 셋째는 바로……

진나라에 주처라는 온갖 나쁜 짓을 하는 사람이 있었다. 마을 사람들이 모두 그를 두려워하여 피하자, 그 이유를 물었다.

당신이요!

이 말을 들은 주처는 크게 뉘우쳐서 마을 사람들을 위하여 남산의 호랑이도 잡고, 장교의 교룡도 죽였다. 그런데도 마을 사람들은 주처를 꺼렸으나.

털썩

이에 낙담하지 않고 잘못(過)된 행동을 고쳐서(改) 착한(善) 사람이 되도록(遷) 노력하여 훗날 대학자가 되었다.

🖋 아래의 풀이에 알맞은 한자를 쓰세요.

			① 問		② 悲	③		④ 安	
			事					⑤	
⑥	⑦ 犬								
	馬					⑧	⑨		
							體		
			⑩	⑪ 國					
	⑫								
⑬ 敬			日						

▶ **가로 열쇠**
① (범법자가 아닌가를) 검사하고 심문함
② 슬픈 느낌
⑤ 때리거나 쳐서 움직이게 하는 것
⑥ 개를 사랑함
⑧ 굳고 튼튼함
⑩ 한 나라를 기울게 할 만한 썩 뛰어난 미인
⑬ 노인을 공경하기 위한 자리

▼ **세로 열쇠**
① 범죄의 수사, 공소, 공판, 감독 등을 행하는 사법행정관
③ 깊이 느끼거나 강한 인상을 받아 뭉클한 감정이 솟구쳐 일어나는 것
④ 야구에서 타자가 베이스에 나가도록 공을 치는 일
⑦ 개와 말의 수고로움. 임금이나 나라에 정성껏 충성을 다함
⑨ 유동성이 없고 일정한 형태와 부피를 가진 물질
⑪ 국가적인 경사를 자축하기 위해 국가에서 정해 놓은 경축일
⑫ 마땅히 나와야 할 장소에 나오지 않는 것

 鏡 거울 경

驚 놀랄 경

 系 이어맬 계

 戒 경계할 계

 季 계절 계

 係 맬 계

 階 섬돌 계

 繼 이을 계

 鷄 닭 계

 孤 외로울 고

 故 연고 고

 庫 곳집 고

✏️ 다음 한자의 훈음을 알아 보고 빈 칸에 알맞게 쓰세요.

훈거울　음경:

훈놀랄　음경

金(쇠 금)이 뜻부분, 竟(다할 경)이 음부분으로 구리로 만든 **'거울'** 을 뜻한다.

馬(말 마)가 뜻부분, 敬(공경할 경)이 음부분이다. 말이 잘 놀란다는데서 **'놀라다'** 를 뜻한다.

金부수 총 19획	鏡 鏡 鏡 鏡 鏡 鏡 鏡 鏡 鏡 鏡 鏡 鏡

鏡

거울 **경**

	鏡	鏡	鏡	鏡	鏡	鏡	鏡
거울 경							

어휘 : 眼鏡(안경)　內視鏡(내시경)
사자성어 : 明鏡止水(명경지수) – 아주 맑고 깨끗한 심경.

馬부수 총 23획	驚 驚 苟 驚 驚 驚 驚 驚 驚 驚 驚 驚

驚

놀랄 **경**

	驚	驚	驚	驚	驚	驚	驚
놀랄 경							

어휘 : 驚異(경이)　驚歎(경탄)
사자성어 : 驚天動地(경천동지) – 하늘이 놀라고 땅이 움직임. 즉 세상을 몹시 놀라게 함.

월   일   이름: 확인:

📝 다음 한자의 훈음을 알아 보고 빈 칸에 알맞게 쓰세요.

훈 이어맬   음 계:

훈 경계할   음 계:

실(糸:실 사)을 엮어 매달아 놓은 모습을 본뜬 것으로 '줄, 핏줄'을 뜻한다.

성을 지키는 군사가 창(戈)을 두 손으로 꼭 잡고(廾) 있는 모습에서 '경계하다, 조심하다, 삼가다' 등을 뜻한다.

糸부수 총 7획   系 系 玄 玄 系 系 系

系

이어맬 **계**

어휘 : 系列(계열) 直系(직계)   모양이 비슷한 한자 : 糸(실 사)

戈부수 총 7획   一 二 亍 亓 戒 戒 戒

戒

경계할 **계**

어휘 : 訓戒(훈계) 警戒(경계)   모양이 비슷한 한자 : 戎(오랑캐 융)
사자성어 : 世俗五戒(세속오계) – 신라 진평왕 때, 원광 법사가 지은 화랑의 계명.

✏️ 다음 한자의 훈음을 알아 보고 빈 칸에 알맞게 쓰세요.

훈 계절   음 계:

아이들(子)을 동원하여 떨어진 벼(禾)의 이삭을 줍게 한데서 '**어리다, 막내, 계절**' 등을 뜻한다.

훈 맬   음 계:

人(사람 인)이 뜻부분, 系(맺을 계)가 음부분으로 '**묶다, 연결하다, 끌다**'를 뜻한다.

子부수 총 8획				季 ⸗ 千 禾 禾 季 季 季		
季 계절 **계**	季	季	季	季	季	季
	계절 계					

어휘 : 四季(사계) 季節(계절)	모양이 비슷한 한자 : 李(오얏/성 리)

亻(人)부수 총 9획				係 係 係 係 係 係 係 係		
係 맬 **계**	係	係	係	係	係	係
	맬 계					

어휘 : 關係(관계) 係數(계수)

✏️ 다음 한자의 훈음을 알아 보고 빈 칸에 알맞게 쓰세요.

階

훈 섬돌   음 계

阜(언덕 부)가 뜻부분, 皆(모두 개)가 음부분이다. 층층대, 즉 '**섬돌, 등급**'을 뜻한다.

繼

훈 이을   음 계:

糸(실 사)가 뜻부분, 𢇍(이을 계)가 음부분이다. 실이 이어져 있다는데서 '**이어받다, 이어지다**' 등을 뜻한다.

β(阜)부수 총 12획				' ` ³ ` ` 阝 阝 阝 阝 阝 階 階 階			
階	階	階	階	階	階	階	階
섬돌 계							

어휘 : 階級(계급) 階段(계단)　　　유의어 : 段(층계 단)

糸부수 총 20획				糸 糸ᵁ 糸ᵁᵁ 糸ᵁᵁ 糸ᵁᵁ 糸ᵁᵁ 繼			
繼	繼	繼	繼	繼	繼	繼	繼
이을 계							약자 继

어휘 : 繼承(계승) 繼續(계속)　　　유의어 : 續(이을 속)

✏️ 다음 한자의 훈음을 알아 보고 빈 칸에 알맞게 쓰세요.

훈 닭   음 계

奚(어찌 해)가 음부분, 鳥(새 조)가 뜻부분이다. '雞' 라고 쓰기도 한다. **'닭, 가금'**을 뜻한다.

훈 외로울   음 고

子(아들 자)가 뜻부분, 瓜(오이 과)가 음부분이다. **'홀로, 외롭다'**를 뜻한다.

鳥부수 총 21획	鷄鷄鷄鷄鷄鷄鷄鷄鷄鷄鷄鷄鷄

鷄

닭 **계**

닭 계

사자성어 : 鷄卵有骨(계란유골) – 일이 늘 안되는 사람이 좋은 기회를 만나도 역시 그르치는 것을 일컫는 말.
　　　　　 群鷄一鶴(군계일학) – 평범한 여러 사람 가운데 뛰어난 한 사람.

子부수 총 8획	孤了子子孤孤孤孤

孤

외로울 **고**

외로울 고

어휘 : 孤兒(고아) 孤獨(고독)　　　　　　　　　　　　　　　　 유의어 : 獨(홀로 독)

월   일   이름: 확인:

📝 다음 한자의 훈음을 알아 보고 빈 칸에 알맞게 쓰세요.

훈 연고   음 고(:)

古(예 고)가 음부분, 攵(칠 복)이 뜻부분으로 오래되다라는 뜻에서 '**까닭, 연고**' 등으로 쓰인다.

훈 곳집   음 고

군사용 수레(車)를 넣어 두는 집(广)이라는 의미로 '**곳집, 창고**'를 뜻한다.

攵(攴)부수 총 9획	一 十 十 古 古 甘 甘 故 故

故

연고 **고**

어휘 : 故人(고인) 故鄕(고향)
사자성어 : 溫故知新(온고지신) - 옛 것을 익히고 그것을 미루어 새 것을 앎.

广부수 총 10획	庫 庫 广 广 广 庐 庐 庐 庐 庫

庫

곳집 **고**

어휘 : 書庫(서고) 金庫(금고)   유의어 : 府(곳집 부)

❶ 다음 漢字語의 讀音을 쓰세요.

(1) 國庫　　(　　　)　　(2) 季節風　　(　　　)

(3) 孤兒　　(　　　)　　(4) 金庫　　(　　　)

(5) 繼母　　(　　　)　　(6) 系列　　(　　　)

(7) 位階　　(　　　)　　(8) 直系　　(　　　)

(9) 孤立　　(　　　)　　(10) 戒名　　(　　　)

(11) 警戒　　(　　　)　　(12) 孤獨　　(　　　)

(13) 秋季　　(　　　)　　(14) 出庫　　(　　　)

(15) 四季節　(　　　)　　(16) 係數　　(　　　)

(17) 關係　　(　　　)　　(18) 事故　　(　　　)

(19) 階級　　(　　　)　　(20) 故意　　(　　　)

(21) 驚氣　　(　　　)　　(22) 品階　　(　　　)

(23) 望遠鏡　(　　　)　　(24) 養鷄　　(　　　)

❷ 다음 漢字의 訓과 音을 쓰세요.

(1) 庫　　(　　　)　　(2) 驚　　(　　　)

(3) 孤　　(　　　)　　(4) 故　　(　　　)

(5) 階　　(　　　)　　(6) 鏡　　(　　　)

(7) 戒　　(　　　)　　(8) 繼　　(　　　)

(9) 鷄　　(　　　)　　(10) 系　　(　　　)

❸ 다음 밑줄 친 漢字語를 漢字로 쓰세요.

(1) 이것은 자연주의 계열의 작품입니다.

(2) 동계 올림픽에 많은 나라가 참가하였습니다.

(3) 그 작가는 우리 나라 구비 문학의 체계를 수립했다고 평가되어진다.

(4) 38도선을 경계로 하여 남한과 북한으로 나뉘어졌다.

(5) 서고에는 많은 책들이 쌓여 있습니다.

(6) 망원경으로 적진을 살펴 보시오.

(7) 양계장 견학을 갔습니다.

(8) 결코 고의는 아니었으니 양해하시기 바랍니다.

(9) 가을은 독서의 계절이다.

(10) 군대에 있는 우리 형의 계급은 병장입니다.

❹ 다음에 例示한 漢字語 중에서 앞 글자가 長音으로 發音되는 것을 골라 그 番號를 쓰세요.

(1) ① 孤獨   ② 車庫   ③ 更生   ④ 位階

(2) ① 季節   ② 行動   ③ 金庫   ④ 料理

(3) ① 傾向   ② 故人   ③ 直系   ④ 孤立

❺ 다음 漢字와 뜻이 상대 또는 반대되는 漢字를 써서 漢字語를 만드세요.

> 例   江 – (山)

(1) 因 – (   )   (2) (   ) – 重

(3) 賣 – (   )   (4) (   ) – 凶

❻ 다음 漢字와 뜻이 비슷한 漢字를 써서 漢字語를 만드세요.

> 例   河 – (川)

(1) 道 – (   )   (2) (   ) – 獨

(3) (   ) – 算   (4) 文 – (   )

❼ 다음 漢字語의 (   )안에 알맞은 漢字를 쓰세요.

> 例   見(物)生心 : 실물을 보면 욕심이 생김

(1) 明(   )止水 : 아주 맑고 깨끗한 심경

(2) (   )天動地 : 하늘이 놀라고 땅이 움직임. 즉 세상을 몹시 놀라게 함

(3) 溫(   )知新 : 옛 것을 익히고 그것을 미루어 새 것을 앎

❽ 다음 漢字의 部首로 맞는 것을 골라 그 番號를 쓰세요.

(1) 鏡 - (① 鏡 ② 立 ③ 見 ④ 金)

(2) 驚 - (① 馬 ② 驚 ③ 攵 ④ 敬)

(3) 階 - (① 白 ② 阝 ③ 比 ④ 匕)

(4) 鷄 - (① 冖 ② 幺 ③ 鳥 ④ 大)

❾ 다음 漢字와 소리는 같으나 뜻이 다른 漢字語를 쓰세요.

> 例　　山水 - (算數)

(1) 家系 - (　　　　)　　　　　(2) 競技 - (　　　　)

(3) 孤島 - (　　　　)

❿ 다음 漢字의 略字(획수를 줄인 漢字)를 쓰세요.

(1) 繼 - (　　　　)　　　　　(2) 價 - (　　　　)

(3) 萬 - (　　　　)　　　　　(4) 廣 - (　　　　)

⓫ 다음 □ 주변의 4개 漢字를 화살표 방향으로 결합해서 단어가 될 수 있는
공통 漢字를 〈例〉에서 골라 그 番號를 쓰세요.

> 例　　① 各 ② 自 ③ 足 ④ 庫 ⑤ 古

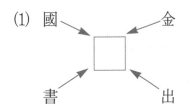

(1) 國　　　　金
　　　書　　　　出

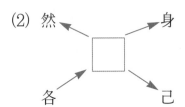

(2) 然　　　　身
　　　各　　　　己

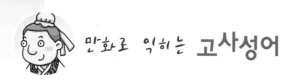
群 무리 군 鷄 닭 계 一 한 일 鶴 학 학

群鷄一鶴은 많은 무리 속에서 우뚝 솟아 있는 뛰어난 사람을 일컬을 때 사용하는 성어이다.

죽림 칠현의 한 사람인 혜강의 아들 혜소가 벼슬길에 오르게 되었다.

와~

처음 입궐하던 날 사람들 속에 있던 혜소는 단연 눈에 띄었다.

ㅡ혜소

아! 저 사람이 혜소란 말이지?

그래, 혜소를 보았소?

네. 보았지요.

이 모습을 본 사람이 왕윤에게 말했다.

어제 저녁에 많은 사람들 틈에서 혜소를 처음 보았습니다. 그의 높은 기개와 혈기는 마치 닭 무리(群鷄) 속에 한 마리 학(一鶴)이 있는 것과 같았습니다.

아래의 풀이에 알맞은 한자를 쓰세요.

		① 望							②	
							③	天		地
④		止	水							
					⑤		卵	有		
		⑥ 引								
⑦										
					⑧					
					⑨		知	新		

▶ **가로 열쇠**

③ 하늘이 놀라고 땅이 움직임. 즉 세상을 몹시 놀라게 함

④ 아주 맑고 깨끗한 심경

⑤ 일이 늘 안되는 사람이 좋은 기회를 만나도 역시 그르치는 것을 일컫는 말

⑦ 아버지의 후처, 의붓 어머니

⑨ 옛 것을 익히고 그것을 미루어 새 것을 앎

▼ **세로 열쇠**

① 먼 곳의 물체를 크고 똑똑하게 볼 수 있도록 렌즈를 끼워 만든 도구

② 움직일 수 있는 것

⑤ 신라, 경주, 우리나라의 딴 이름

⑥ 넘겨 주는 것, 또는 이어 받는 것

⑧ 높은 온도

 穀 곡식 곡

 困 곤할 곤

 骨 뼈 골

 孔 구멍 공

 攻 칠 공

 官 벼슬 관

 管 대롱 주관할 관

 鑛 쇳돌 광

 句 글귀 구

 求 구할 구

 究 연구할 구

 構 얽을 구

📝 다음 한자의 훈음을 알아 보고 빈 칸에 알맞게 쓰세요.

훈 곡식   음 곡

禾(벼 화)가 뜻부분, 殼(껍질 각)이 음부분으로,
'벼, 곡식'을 뜻한다.

훈 곤할   음 곤:

□(에워쌀 위)와 木(나무 목)이 합쳐진 글자로
나무가 울타리에 갇혀 있다는데서 '곤하다'를
뜻한다.

禾부수 총 15획	穀 穀 穀 穀 穀 穀 穀 穀 穀 穀 穀 穀

穀

곡식 **곡**

穀	穀	穀	穀	穀	穀	穀
곡식 곡						

어휘 : 穀物(곡물) 雜穀(잡곡)
사자성어 : 五穀百果(오곡백과) – 온갖 곡식과 여러 가지 과일.

□부수 총 7획	困 困 困 困 困 困 困

困

곤할 **곤**

困	困	困	困	困	困	困
곤할 곤						

어휘 : 困境(곤경) 困窮(곤궁)   모양이 비슷한 한자 : 因(인할 인)

4급 빨리따기

월   일   이름: 확인:

✏️ 다음 한자의 훈음을 알아 보고 빈 칸에 알맞게 쓰세요.

骨

훈 뼈   음 골

孔

훈 구멍   음 공:

月은 肉(고기 육)의 변형이고, 그 나머지는 서로 연이어져 있는 뼈대 모양을 본뜬 것으로 '**뼈**'를 뜻한다.

子(아들 자)와 乚(새 을)이 합쳐진 한자로 '**구멍**'을 뜻한다.

骨부수 총 10획	丶 冂 冎 冎 冎 骨 骨 骨 骨 骨

骨

뼈 **골**

어휘 : 骨格(골격) 骨折(골절)　　　　　　　　　유의어 : 骸(뼈 해 :1급)
사자성어 : 言中有骨(언중유골) – 예사로운 말 속에 단단한 뼈 같은 속뜻이 있음.

子부수 총 4획	孔 了 子 孔

孔

구멍 **공**

어휘 : 孔子(공자) 毛孔(모공)　　　　　　　　　유의어 : 穴(구멍 혈 : 3급)

✏️ 다음 한자의 훈음을 알아 보고 빈 칸에 알맞게 쓰세요.

훈칠   음공:

攵(칠 복)이 뜻부분, 工(장인 공)이 음부분이다.
'치다, 닦다, 연구하다'를 뜻한다.

훈벼슬   음관

宀(집 면)과 阜(언덕 부)의 생략형이 합쳐진 것으로, 높은 언덕 위에 지어진 집으로 **'관청, 벼슬'**을 뜻한다.

攵(攴)부수 총 7획   攻 攻 工 攻 攻 攻

攻

칠 **공**

| 어휘 : 專攻(전공) 攻守(공수) | 상대반의어 : 防(막을 방), 守(지킬 수) |
| | 유의어 : 擊(칠 격) |

宀부수 총 8획   官 官 官 官 宀 宀 官 官

官

벼슬 **관**

| 어휘 : 官職(관직) 官吏(관리) | 상대반의어 : 民(백성 민) |

📝 다음 한자의 훈음을 알아 보고 빈 칸에 알맞게 쓰세요.

管

훈 대롱/주관할   음 관

竹(대 죽)이 뜻부분, 官(벼슬 관)이 음부분이다.
'대롱, 주관하다, 관악기, 말는다' 등을 뜻한다.

鑛

훈 쇳돌   음 광:

金(쇠 금)이 뜻부분, 廣(넓을 광)이 음부분이다.
각종 쇠 물질을 함유하고 있는 돌, 즉 **'광석'**을
뜻한다.

竹부수 총 14획	管 管 管 管 管 管 管 管 管 管 管 管 管 管

管

대롱
주관할 관

| 어휘 : 管理(관리) 管樂器(관악기) | 모양이 비슷한 한자 : 營(경영할 영) |

金부수 총 23획	鑛 鑛 鈩 鈩 鈩 鈩 鈩 鈩 鑛 鑛 鑛 鑛 鑛 鑛

鑛

쇳돌 광

약자

鉱

어휘 : 金鑛(금광) 鑛業(광업) 鑛夫(광부)

✎ 다음 한자의 훈음을 알아 보고 빈 칸에 알맞게 쓰세요.

훈 글귀　음 구

勹(쌀 포)와 口(입 구)로 이루어진 글자로 **'문장, 구절'**을 뜻한다.

훈 구할　음 구

본래 짐승의 털가죽으로 만든 옷 모양을 본뜬 한자로 **'구하다'**를 뜻한다.

口부수 총 5획							句句句句句
句	句	句	句	句	句	句	句
글귀 **구**	글귀 구						

어휘 : 文句(문구) 詩句(시구)
사자성어 : 一言半句(일언반구) – 아주 짧은 말.

水부수 총 7획							求求求求求求求
求	求	求	求	求	求	求	求
구할 **구**	구할 구						

어휘 : 請求(청구) 要求(요구)　　　　　　　　　　　　　　유의어 : 請(청할 청)
사자성어 : 緣木求魚(연목구어) – 불가능한 일을 무리하게 하려고 함을 비유.

✏️ 다음 한자의 훈음을 알아 보고 빈 칸에 알맞게 쓰세요.

훈 연구할   음 구

木(나무 목)이 뜻부분, 冓(얽을 구)가 음부분이
다. '골똘히 생각하다, 헤아리다'를 뜻한다.

훈 얽을   음 구

木(나무 목)이 뜻부분, 冓(얽을 구)가 음부분이
다. '얽다, 맺다' 등을 뜻한다.

穴부수 총 7획					究 究 究 究 究 究 究	
究	究	究	究	究	究	究	究
연구할 **구**	연구할 구						

┃ 어휘 : 研究(연구) 探究(탐구)   ┃ 유의어 : 研(갈 연)

木부수 총 14획				朾 朾 朾 椹 構 構 構 構 構 構		
構	構	構	構	構	構	構	構
얽을 **구**	얽을 구						

┃ 어휘 : 構成(구성) 虛構(허구)   ┃ 모양이 비슷한 한자 : 講(욀 강)

※ 다음 글을 읽고 물음에 답하시오. (❶ ~ ❷)

> 어떤 集團(1)의 의사(7)나 국민(8)의 의사를 조정·종합하여 통일적 단일의 의사로 형성(9)하기 위한 합리적(10)인 원리(11)가 多數決(2)의 원리이다. 이 원리의 합리적 타당성의 根據(3)는 첫째 다수의 의사는 소수보다 부정의 가능성(12)이 희박할 것이다. 둘째 소수의 개인(13)은 感情(4)에 흐르기 쉬우나 동시의 다수는 감정에 흘러 정도를 벗어나는 일이 적다는데 있다.
>
> 그러나 소수(14)의 의사도 존중되어야 한다. 왜 존중되어야 하느냐, 첫째 소수의 의사에도 진리가 숨어 있다는데 있고 둘째, 잘못된 소수의 의사라 하더라도 그 잘못된 의견과 다수의 참된 의견과 對決(5)시킴으로서 다수의 참된 의견이 한층 더 명확하고 선명(15)해지기 때문이다. 영국의 자유주의 사상가 밀은 '소수자의 다수 억압이 나쁜 것처럼 다수의 소수 억압도 또한 나쁜 것이다. 假令(6) 온 인류가 하나의 의견으로 뭉치고 단 한사람이 반대되는 의견을 갖는다 하더라도 온 인류가 그 한 사람의 반대의견을 묵살할 권리는 없다'고 하였다. 또한 영국의 정치학자인 브라이스는 '다수가 그 수의 힘을 믿고 소수를 말살 지배하려는 경우에는 민주주의의 위기를 가져올 것이다.'라고 하였다. 그러나 소수의사도 존중되어야 하지만 반대로 소수는 다수의사를 받아들이는 관용도 중요하다.

❶ 윗글에서 밑줄 친 漢字語 (1)~(6)의 讀音을 쓰세요.

(1) 集團   (   )   (2) 多數決   (   )

(3) 根據   (   )   (4) 感情   (   )

(5) 對決   (   )   (6) 假令   (   )

❷ 윗글에서 밑줄 친 漢字語 (7)~(15)를 漢字로 쓰세요.

(7) 의사   (   )   (8) 국민   (   )

(9) 형성   (   )   (10) 합리적   (   )

(11) 원리   (   )   (12) 가능성   (   )

(13) 개인   (   )   (14) 소수   (   )

(15) 선명   (   )

❸ 다음 漢字語의 讀音을 쓰세요.

(1) 主管　　（　　　　）　　　(2) 穀食　　（　　　　）
(3) 炭鑛　　（　　　　）　　　(4) 困境　　（　　　　）
(5) 要求　　（　　　　）　　　(6) 鐵骨　　（　　　　）
(7) 構圖　　（　　　　）　　　(8) 氣孔　　（　　　　）
(9) 學究熱　（　　　　）　　　(10) 攻擊　　（　　　　）
(11) 警句　　（　　　　）　　　(12) 特功　　（　　　　）
(13) 構成　　（　　　　）　　　(14) 長官　　（　　　　）
(15) 管理　　（　　　　）　　　(16) 穀類　　（　　　　）
(17) 鑛物　　（　　　　）　　　(18) 鑛業　　（　　　　）
(19) 五穀　　（　　　　）　　　(20) 鐵鑛石　（　　　　）
(21) 句節　　（　　　　）　　　(22) 速攻　　（　　　　）
(23) 文句　　（　　　　）　　　(24) 孔子　　（　　　　）
(25) 句讀　　（　　　　）　　　(26) 求愛　　（　　　　）

❹ 다음 訓과 音에 맞는 漢字를 쓰세요.

(1) 쇳돌 광　（　　　　）　　　(2) 곤할 곤　（　　　　）
(3) 뼈 골　　（　　　　）　　　(4) 연구할 구　（　　　　）
(5) 벼슬 관　（　　　　）　　　(6) 곡식 곡　（　　　　）

❺ 다음에 例示한 漢字語 중에서 앞 글자가 長音으로 發音되는 것을 골라 그 番號를 쓰세요.

(1) ① 鑛業　② 穀類　③ 父系　④ 官民
(2) ① 骨格　② 主管　③ 求人　④ 困境
(3) ① 文庫　② 攻擊　③ 穀物　④ 構成

❻ 다음 漢字와 뜻이 상대 또는 반대되는 漢字를 써서 漢字語를 만드세요.

例　　江 － (山)

(1) (　　　　) － 民　　　　　(2) 吉 － (　　　　)
(3) 勞 － (　　　　)

❼ 다음 漢字와 뜻이 비슷한 漢字를 써서 漢字語를 만드세요.

例   河 – (川)

(1) 攻 – (   )   (2) 始 – (   )

(3) 停 – (   )

❽ 다음 漢字語의 (   )안에 알맞은 漢字를 쓰세요.

例   見(物)生心 : 실물을 보면 욕심이 생김

(1) 言中有(   ) : 예사로운 말 속에 단단한 뼈 같은 속뜻이 있음

(2) 一言半(   ) : 아주 짧은 말

❾ 다음 漢字의 部首로 맞는 것을 골라 그 番號를 쓰세요.

(1) 穀 – (① 殳 ② 禾 ③ 又 ④ 士)

(2) 管 – (③ ⺿ ② 管 ③ 宀 ④ 竹)

(3) 鑛 – (① 金 ② 广 ③ 黃 ④ 廣)

(4) 究 – (① 九 ② 宀 ③ 穴 ④ 儿)

❿ 다음 漢字와 소리는 같으나 뜻이 다른 漢字語를 쓰세요.

例   山水 – (算數)

(1) 主管 – (   )   (2) 文句 – (   )

(3) 構圖 – (   )

⓫ 다음 漢字의 略字(획수를 줄인 漢字)를 쓰세요.

(1) 鑛 – (   )   (2) 實 – (   )

(3) 堅 – (   )

만화로 익히는 **고사성어**

杞 나라이름 기　憂 근심 우

杞憂는 기나라 사람의 걱정이란 말로 즉, **걱정하지 않아도 될 것을 쓸데없이 걱정하는 것을** 가리켜 하는 말이다.

기(杞)나라에 공연히 쓸데 없는 걱정(憂)을 많이 하는 사람이 살았다.

갑자기 하늘이 무너져 버리면 어쩌지? 또 땅이라도 꺼지면….

여보, 뭐라도 좀 드세요.

걱정으로 밤에 잠도 자지 못하고 음식도 먹지 못하였다.

당장 하늘이 무너져 내리면 어떻게 하겠는가? 근심때문에 자지도, 먹지도 못하겠네.

여보게 친구. 하늘은 기가 쌓여 이루어져 있다네.

이를 딱하게 여긴 친구가 말했다.

그래서 온통 기가 없는 곳이 없다네. 그러니 어떻게 하늘이 무너지겠는가!

정말 그러한가?

벌떡

그러자 그는 겨우 마음을 놓았다고 한다.

✍ 아래의 풀이에 알맞은 한자를 쓰세요.

					①		②				
					一		言				
③		④			果						
五										⑤	⑥
										血	
				⑦							
				貧							
		⑧									
		疲									
									⑨		
				⑩				⑪			
									想		
⑫											
緣				魚							

▶ **가로 열쇠**

① 아주 짧은 말

③ 온갖 곡식과 여러 가지 과일

⑤ 혈액을 체내의 각부로 보내는 관

⑧ 지쳐 기운이 빠진 상태에 있는 것

⑪ 어떤 방법으로 이룰 것인가를 이모저모로 생각하고 계획을 세우는 것

⑫ 불가능한 일을 무리하게 하려고 함을 비유

▼ **세로 열쇠**

② 예사로운 말 속에 단단한 뼈 같은 속뜻이 있음

④ 쌀, 보리, 밀 등 곡식에 속하는 것

⑥ 사람을 통제하고 지휘 감독하는 일

⑦ 가난하여 살기가 어려운 것

⑨ 어떤 사물이나 현상을 보거나 겪고서 느낀 생각을 적은 글

⑩ 어떤 사람이나 단체에게 해 달라고 하는 것

 君 임금 군

 群 무리 군

 屈 굽힐 굴

 宮 집 궁

 窮 다할 궁 / 궁할 궁

 券 문서 권

 卷 책 권

 勸 권할 권

 權 권세 권

 歸 돌아갈 귀

 均 고를 균

 極 극진할 극 / 다할 극

다음 한자의 훈음을 알아 보고 빈 칸에 알맞게 쓰세요.

훈 임금   음 군

훈 무리   음 군

尹(다스릴 윤)과 口(입 구)가 합하여져 신하들에게 명령하는 '**임금**'을 뜻한다.

君(임금 군)이 음부분, 羊(양 양)이 뜻부분으로 떼를 지어 다니는 양의 속성에서 '**무리**'를 뜻한다.

| 口부수 총 7획 | 君君君尹君君君 |

君

임금 **군**

어휘 : 君臣(군신) 君子(군자)   상대반의어 : 臣(신하 신)
사자성어 : 君臣有義(군신유의) – 오륜의 하나. 임금과 신하 사이의 도리는 의리에 있음.

| 羊부수 총 13획 | 君君君尹君君君君君君群群群 |

群

무리 **군**

어휘 : 群衆(군중) 學群(학군)   유의어 : 衆(무리 중)
사자성어 : 群鷄一鶴(군계일학) – 평범한 여러 사람 가운데 뛰어난 한 사람.

월   일   이름: 확인:

✏️ 다음 한자의 훈음을 알아 보고 빈 칸에 알맞게 쓰세요.

屈

훈 굽힐   음 굴

宮

훈 집   음 궁

尸(주검 시)가 뜻부분, 出(날 출)이 음부분이다.
시체(尸)처럼 몸을 구부리고 있다하여 '**굽히다, 굽다**'를 뜻한다.

宀(집 면)과 呂(등뼈 려)로 이루어진 글자이다.
방이 많은 집, 즉 '**대궐, 집**' 등을 뜻한다.

尸부수 총 8획

ㄱ ㄱ 尸 尸 居 屈 屈 屈

屈

굽힐 **굴**

어휘 : 屈曲(굴곡) 屈服(굴복)   유의어 : 曲(굽을 곡)
사자성어 : 百折不屈(백절불굴) – 어떠한 어려움에도 굽히지 않음.

宀부수 총 10획

宀 宀 宁 宁 宮 宮 宮 宮 宮 宮

宮

집 **궁**

어휘 : 古宮(고궁) 宮女(궁녀)   모양이 비슷한 한자 : 官(관리 관)

📝 다음 한자의 훈음을 알아 보고 빈 칸에 알맞게 쓰세요.

훈 다할/궁할   음 궁

穴(구멍 혈)이 뜻부분, 躬(몸 궁)이 음부분이다.
'다하다, 궁하다'를 뜻한다.

훈 문서   음 권

옛날에는 약속 내용을 나무쪽에다 써서 칼(刀)
로 반을 나누어 가진다는 데서 '문서, 증서, 약
속' 등을 뜻한다.

穴부수 총 15획	窮窮窮窮窮窮窮窮窮窮窮窮窮窮窮

窮
다할
궁할 궁

窮	窮	窮	窮	窮	窮	窮
다할/궁할 궁						

어휘 : 窮地(궁지) 無窮花(무궁화)	유의어 : 極(다할 극)

刀부수 총 8획	券券券券券券券券

券
문서 권

券	券	券	券	券	券	券
문서 권						

어휘 : 食券(식권) 旅券(여권)	모양이 비슷한 한자 : 卷(책 권)

📝 다음 한자의 훈음을 알아 보고 빈 칸에 알맞게 쓰세요.

훈 책   음 권(:)

두루마리 형태로 보관된 '**책**'을 뜻한다.

훈 권할   음 권:

雚(황새 관)이 음부분, 力(힘 력)이 뜻부분이다.
'**권하다, 힘쓰다**' 등을 뜻한다.

巴(卩)부수 총 8획

卷 卷 卷 부 부 뿟 拳 卷

卷 卷 卷 卷 卷 卷 卷

卷

책 **권**

| 어휘 : 席卷(석권) 壓卷(압권) | 모양이 비슷한 한자 : 券(문서 권) |

力부수 총 20획

勸 勸 勸 勸 蕾 蕾 蕾 藿 藿 藿 勸 勸

勸 勸 勸 勸 勸 勸 勸

勸

권할 **권**

약자	약자
劝	勧

어휘 : 勸農(권농) 勸學(권학)   모양이 비슷한 한자 : 歡(기쁠 환)
사자성어 : 勸善懲惡(권선징악) - 선행을 장려하고 악행을 징계하는 일.

📝 다음 한자의 훈음을 알아 보고 빈 칸에 알맞게 쓰세요.

훈 권세　음 권

훈 돌아갈　음 귀:

木(나무 목)이 뜻부분, 雚(황새 관)이 음부분이다. '권리, 권세'를 뜻한다

追(쫓을 추)와 며느리를 나타내는 帚가 쓰여 친정에서 시댁으로 '돌아가다'를 뜻한다.

木부수 총 22획	權 權 權 權 權 權 權 權 權 權 權

權	權	權	權	權	權	權	權
						약자	약자
권세 **권**						権	杈
	권세 권						

어휘 : 權力(권력) 人權(인권)　|　모양이 비슷한 한자 : 勸(권할 권)
사자성어 : 權不十年(권불십년) – 아무리 높은 권세라도 10년을 가지 못함.

止부수 총 18획	歸 歸 歸 歸 歸 歸 歸 歸 歸 歸 歸 歸 歸 歸 歸 歸 歸 歸

歸	歸	歸	歸	歸	歸	歸	歸
							약자
돌아갈 **귀**							帰
	돌아갈 귀						

어휘 : 歸家(귀가) 歸省(귀성)　|　유의어 : 回(돌아올 회)
사자성어 : 事必歸正(사필귀정) – 모든 일은 반드시 바른 데로 돌아감.

✏️ 다음 한자의 훈음을 알아 보고 빈 칸에 알맞게 쓰세요.

훈 고를   음 균

훈 극진할/다할   음 극

土(흙 토)가 뜻부분, 勻(가지런할 균)이 음부분이다. 땅이 평평한데서 '**평평하다, 고르다**'를 뜻한다.

木(나무 목)이 뜻부분, 亟(빠를 극)이 음부분이다. '**가장, 지극히, 다하다**'를 뜻한다.

土부수 총 7획	一 十 土 圴 圴 均 均

균

고를 **균**

어휘 : 均等(균등) 平均(평균)

木부수 총 13획	木 朾 朾 朾 朾 柯 柯 極 極 極

極

극진할
다할 **극**

어휘 : 極盡(극진) 太極旗(태극기)   유의어 : 端(끝 단)

❶ 다음 漢字語의 讀音을 쓰세요.

(1) 窮理　（　　　）　(2) 太極旗　（　　　）

(3) 極致　（　　　）　(4) 勸學　（　　　）

(5) 歸農　（　　　）　(6) 窮極　（　　　）

(7) 屈曲　（　　　）　(8) 强勸　（　　　）

(9) 卷頭　（　　　）　(10) 東宮　（　　　）

(11) 勸告　（　　　）　(12) 歸京　（　　　）

(13) 景福宮　（　　　）　(14) 平均　（　　　）

(15) 窮地　（　　　）　(16) 困窮　（　　　）

(17) 無窮花　（　　　）　(18) 均一　（　　　）

(19) 旅券　（　　　）　(20) 歸化　（　　　）

(21) 福券　（　　　）　(22) 卷數　（　　　）

(23) 通卷　（　　　）　(24) 君子　（　　　）

(25) 勸農　（　　　）　(26) 群島　（　　　）

(27) 屈服　（　　　）　(28) 權力　（　　　）

(29) 均等　（　　　）　(30) 歸家　（　　　）

❷ 다음 밑줄 친 漢字語를 漢字로 쓰세요.

(1) 매화, 난초, 국화, 대나무를 일컬어 <u>사군자</u>라 한다.

(2) 저 집의 살림이 매우 <u>곤궁</u>하구나.

(3) 그는 평생을 <u>굴곡</u>이 없이 순탄하게 살았다.

(4) 왕세자나 황태자를 일러 <u>동궁</u>이라 한다.

(5) 그는 <u>궁리</u> 끝에 기가 막힌 묘안을 생각해 냈다.

(6) <u>여권</u>을 어디에서 발급해야 합니까?

(7) 쿠데타로 군부가 <u>권력</u>을 장악했다.

(8) 명절을 지내고 <u>귀경</u>하는 차량들이 많습니다.

(9) 모든 사람에게 <u>균등</u>한 기회를 주어야 합니다.

(10) 의사가 환자에게 요양을 <u>권고</u>했다.

❸ 다음 訓과 音에 맞는 漢字를 쓰세요.

(1) 고를 균　　　　(　　　　)　　　(2) 굽힐 굴　　　　　　(　　　　)

(3) 권할 권　　　　(　　　　)　　　(4) 돌아갈 귀　　　　　(　　　　)

(5) 다할/궁할 궁　(　　　　)　　　(6) 극진할/다할 극　　(　　　　)

❹ 다음에 例示한 漢字語 중에서 앞 글자가 長音으로 發音되는 것을 골라 그 番號를 쓰세요.

(1) ① 北極　② 困窮　③ 均一　④ 財産

(2) ① 卷數　② 平均　③ 旅券　④ 利權

(3) ① 人權　② 勸學　③ 均分　④ 群島

❺ 다음 漢字와 뜻이 상대 또는 반대되는 漢字를 써서 漢字語를 만드세요.

例　　江 – (山)

(1) (　　　　) – 臣　　　　　(2) (　　　　) – 苦

(3) 發 – (　　　　)　　　　　(4) 遠 – (　　　　)

❻ 다음 漢字와 뜻이 비슷한 漢字를 써서 漢字語를 만드세요.

例　　河 – (川)

(1) 窮 – (　　　　)　　　　　(2) (　　　　) – 本

(3) 知 – (　　　　)　　　　　(4) 屈 – (　　　　)

❼ 다음 漢字語의 (   )안에 알맞은 漢字를 쓰세요.

> 例   見(物)生心 : 실물을 보면 욕심이 생김

(1) (   )不十年 : 아무리 높은 권세라도 10년을 가지 못함

(2) 事必(   )正 : 모든 일은 반드시 바른 데로 돌아감

(3) (   )死一生 : 죽을 고비를 여러 차례 겪고 겨우 살아남

❽ 다음 漢字의 部首로 맞는 것을 골라 그 番號를 쓰세요.

(1) 群 - (① 羊 ② 口 ③ 尹 ④ 君)

(2) 宮 - (① 呂 ② 宀 ③ 口 ④ 宮)

(3) 窮 - (① 宀 ② 穴 ③ 身 ④ 弓)

(4) 券 - (① 八 ② 大 ③ 刀 ④ 夫)

❾ 다음 漢字와 소리는 같으나 뜻이 다른 漢字語를 쓰세요.

> 例   山水 - (算數)

(1) 技士 - (   )   (2) 境界 - (   )

(3) 交感 - (   )

❿ 다음 漢字語의 뜻을 쓰세요.

(1) 勸學 :

(2) 均等 :

⓫ 다음 漢字의 略字(획수를 줄인 漢字)를 쓰세요.

(1) 勸 - (   )   (2) 權 - (   )

(3) 歸 - (   )   (4) 觀 - (   )

百 일백백 聞 들을문 不 아닐불 如 같을여 一 한일 見 볼견

百聞不如一見은 백 번 듣는 것보다 한 번 보는 것이 더 낫다는 말로 **무엇이든지 직접 경험해 보는 것이 가장 중요하다**는 뜻으로 쓰인다.

북방의 오랑캐들이 자주 침범해와 하루도 편할 날이 없구나.

전한의 선제 때 오랑캐들의 횡포가 심해지자 토벌군을 파견하기로 하였다.

그리하여 변방에 토벌군을 파견하기로 했으니…

누굴 토벌군 사령관에 임명할지 말해 보시오.

조충국이라는 장군에게 누구를 임명할지 물었다.

네, 폐하. 신 비록 늙었지만 저보다 나은 사람이 없을 줄로 아뢰옵니다.

그럼, 어느 정도의 병력이 필요하오?

군사의 일이란 앉아서 계획을 짜기 어려운 법입니다. 백 번(百) 듣는(聞) 것이 한(一) 번 보는(見) 것만 같지 못하옵니다(不如).

제가 직접 가서 그 곳의 지형을 살피고 말씀 드리겠습니다.

그리 하시오.

이처럼 조충국은 치밀한 계획과 책략으로 오랑캐를 평정할 수 있었다.

🦐 아래의 풀이에 알맞은 한자를 쓰세요.

① 四	②		③		④			
					⑤ 不	十		
			⑥ 鶴			待		
	⑦							
⑧		宮					⑨ 太	
			⑩					
			化					

▶ **가로 열쇠**

① 동양화에서 매화, 난초, 국화, 대나무를 일컫는 말
⑤ 아무리 높은 권세라도 10년을 가지 못함
⑥ 애타게 기다리는 것
⑧ 서울 종로구 세종로에 있는 조선 시대의 궁궐
⑨ 우리나라의 국기
⑩ 부모를 뵙기 위하여 자식이 객지에서 고향으로 돌아가거나 오는 것

▼ **세로 열쇠**

② 임금과 신하
③ 평범한 여러 사람 가운데 뛰어난 한 사람
④ 사람이라면 누구나 태어나면서 가지고 있는 기본적인 권리
⑦ 사람이 생활 속에서 기쁘고 즐겁고 만족을 느끼는 상태에 있는 것
⑨ 해
⑩ 임금이 베푸는 어진 정치에 감화되어 그 백성이 되는 것

 劇 심할 극

 勤 부지런할 근

 奇 기특할 기

 起 일어날 기

 器 그릇 기

 暖 따뜻할 난

 筋 힘줄 근

 禁 금할 금

 紀 벼리 기

 寄 부칠 기

 機 틀 기

 難 어려울 난

📖 다음 한자의 훈음을 알아 보고 빈 칸에 알맞게 쓰세요.

훈 심할　음 극

虎(범 호), 豕(돼지 시), ⺉(칼 도) 등이 합쳐진 것으로 '**심하다, 연극**' 등을 뜻한다.

훈 힘줄　음 근

힘줄을 나타내기 위해 힘 력(力), 살 육(肉), 대 죽(竹)을 합쳐 놓아 대나무처럼 강한 '**힘줄**' 을 뜻한다.

⺉(刀)부수 총 15획	劇 劇 劇 广 庐 虍 虎 虏 虏 虏 虏 虏 虏 劇 劇

劇

심할 **극**

	劇	劇	劇	劇	劇	劇	劇
심할 극							

▌어휘 : 演劇(연극)　劇藥(극약)

竹부수 총 12획	筋 筋 筋 筋 筋 筋 筋 筋 筋 筋 筋 筋

筋

힘줄 **근**

	筋	筋	筋	筋	筋	筋	筋
힘줄 근							

▌어휘 : 筋肉(근육)　鐵筋(철근)

🖊 다음 한자의 훈음을 알아 보고 빈 칸에 알맞게 쓰세요.

勤

훈 부지런할   음 근(:)

禁

훈 금할   음 금:

堇(근)이 음부분, 力(힘 력)이 뜻부분이다.
'일하다' 에서 **'부지런하다'** 는 뜻으로 쓰인다.

林(수풀 림)이 음부분, 示(보일 시)가 뜻부분이다. 제사를 모시는 사당 주위의 나무를 함부로 베지 못하도록 한데서 **'금하다'** 를 뜻한다.

力부수 총 13획	一 十 土 土 产 苫 苗 革 革 莫 勤 勤

勤

부지런할 **근**

어휘 : 勤儉(근검) 勤務(근무)	상대반의어 : 怠(게으를 태 : 3급)

示부수 총 13획	一 十 オ 木 杧 村 枺 林 棥 梺 禁 禁

禁

금할 **금**

어휘 : 禁止(금지) 禁煙(금연) 監禁(감금)

📝 다음 한자의 훈음을 알아 보고 빈 칸에 알맞게 쓰세요.

훈 기특할　　음 기

훈 벼리　　음 기

大(큰 대)가 뜻부분, 구부린다는 뜻의 可(옳을 가)가 음부분이다. 사람이 구부리고 서 있는 모양에서 '**기이하다**'를 뜻한다.

糸(실 사)가 뜻부분, 己(몸 기)가 음부분이다. 실타래의 실마리나 그물의 벼리에서 '**법도, 규율**' 등을 뜻한다.

大부수 총 8획					奇奇奇奇奇奇奇奇		
奇	奇	奇	奇	奇	奇	奇	奇
기특할 **기**							
	기특할 기						

어휘 : 奇異(기이)　奇特(기특)
사자성어 : 奇想天外(기상천외) – 보통으로는 짐작할 수 없을 만큼 생각이 기발하고 엉뚱함.

糸부수 총 9획					紀紀紀紀紀紀紀紀紀		
紀	紀	紀	紀	紀	紀	紀	紀
벼리 **기**							
	벼리 기						

어휘 : 紀念(기념)　紀元(기원)　　　　　　　　　　　　유의어 : 綱(벼리 강 : 준3급)

📝 다음 한자의 훈음을 알아 보고 빈 칸에 알맞게 쓰세요.

起

훈 일어날   음 기

寄

훈 부칠   음 기

走(달릴 주)가 뜻부분, 己(몸 기)가 음부분이다. **'일어나다, 세우다, 생기다'** 등을 뜻한다.

宀(집 면)이 뜻부분, 奇(기특할 기)가 음부분이다. **'맡기다'** 란 뜻에서 **'건네주다, 부치다, 증여하다'** 란 의미로 확대 사용됐다.

走부수 총 10획	一 十 土 キ キ 走 走 起 起 起

起

일어날 **기**

어휘 : 起工(기공) 起動(기동)   상대반의어 : 伏(엎드릴 복), 寢(잘 침)
사자성어 : 起死回生(기사회생) – 중병으로 죽을 뻔하다가 겨우 살아남.

宀부수 총 11획	' 宀 宀 宁 宁 宇 安 客 客 客 寄

寄

부칠 **기**

어휘 : 寄與(기여) 寄生蟲(기생충)   유의어 : 託(부탁할 탁 : 2급)

✏️ 다음 한자의 훈음을 알아 보고 빈 칸에 알맞게 쓰세요.

器

훈 그릇   음 기

皿은 그릇을 본떠 뜻부분이 되었고, 개 견(犬)은 누가 훔쳐가지 않도록 지키기 위함이었다고 한다. '중히 여기다, 도구' 등을 뜻한다.

機

훈 틀   음 기

木(나무 목)이 뜻부분, 幾(거의 기)가 음부분이다. 본래 베틀이 본뜻이었는데, 후에 동력 장치가 달린 모든 '틀'을 나타내게 되었다.

口부수 총 16획

器 器 器 器 器 器 器

器	器	器	器	器	器	器	器
그릇 기							그릇 기

사자성어 : 君子不器(군자불기) – 군자의 역량은 그릇에 국한되지 않는다.
　　　　　 大器晩成(대기만성) – 큰 인물은 보통 사람보다 늦게 대성한다.

木부수 총 16획

木 枅 桟 機 機 機 機 機

機	機	機	機	機	機	機	機
틀 기							틀 기

어휘 : 機械(기계) 飛行機(비행기)
사자성어 : 孟母斷機(맹모단기) – 학문을 중도에 폐함을 훈계하는 말.

📝 다음 한자의 훈음을 알아 보고 빈 칸에 알맞게 쓰세요.

暖   훈 따뜻할   음 난:

難   훈 어려울   음 난(ː)

日(날 일)이 뜻부분, 爰(이에 원)이 음부분이다.
햇빛을 받아 '**따뜻하다**'는 뜻을 나타내었다.

堇(진흙 근)이 음부분, 隹(새 추)가 뜻부분이다.
'**어렵다, 재앙, 근심**' 등을 뜻한다.

日부수 총 13획	丨 ⺆ ⺆ 日 日 旷 旷 旷 旷 旷 旷 暖 暖

暖

따뜻할 **난**

어휘 : 溫暖(온난) 暖流(난류)　　　　　　상대반의어 : 寒(찰 한)
유의어 : 溫(따뜻할 온)

隹부수 총 19획	一 十 卄 芇 昔 堇 堇 茣 莫 難 難 鄭 難 難 難 難

難

어려울 **난**

어휘 : 難關(난관) 難易度(난이도)　　　　　상대반의어 : 易(쉬울 이)
사자성어 : 難攻不落(난공불락) - 공격하기가 어려워 좀처럼 함락되지 않음.

※ 다음 글을 읽고 물음에 답하시오. (❶ ~ ❷)

품성⁽⁹⁾이란 인간이 갖추고 있는 정신적 特性⁽¹⁾을 뜻한다. 이 품성은 자연적 요소로서 생리적·심리적⁽¹⁰⁾·유전적 기질⁽¹¹⁾과 사회적 요소인 인생 경험과 정신적 요소인 의지 등에 의하여 형성된다. 요컨대 의지는 내적 조건으로서 외적 조건을 反省⁽²⁾해서 품성을 선도하는 원천이다. 따라서 품성과 행위는 서로 원인⁽¹²⁾이 되고 결과⁽¹³⁾가 된다.

품성은 인간 개개의 행위를 스스로 規定⁽³⁾하고 결정⁽¹⁴⁾하는 힘을 가진다. 즉 着實⁽⁴⁾한 품성을 가진 사람은 着實한 사람답게 행위하고 경박한 품성을 가진 사람은 경박한 행위를 한다. 품성은 일상 생활⁽¹⁵⁾ 속에서 행하여 내려온 행위가 모이고 합해져서 한 習性⁽⁵⁾을 만들고 만들어져서 형성한다. 개개의 바른 행위, 그른 행위가 全體的⁽⁶⁾으로 모여진 자기의 품성은 때에 따라서는 선하게 혹은 악하게 하는 요소가 된다. 또한 품성은 인격⁽¹⁶⁾의 感化⁽⁷⁾, 굳은 의지력을 통해서 향상 개조할 수 있다. 품성은 不斷⁽⁸⁾히 인간으로서의 의무를 실행⁽¹⁷⁾하려는데서 얻어지는 미이다. 즉 선한 행위를 선택하여 실행하는 의지의 습관에서 얻어진 것이다.

❶ 윗글에서 밑줄 친 漢字語 (1)~(8)의 讀音을 쓰세요.

(1) 特性	( )	(2) 反省	( )
(3) 規定	( )	(4) 着實	( )
(5) 習性	( )	(6) 全體的	( )
(7) 感化	( )	(8) 不斷	( )

❷ 윗글에서 밑줄 친 漢字語 (9)~(17)를 漢字로 쓰세요.

(9) 품성	( )	(10) 심리적	( )
(11) 기질	( )	(12) 원인	( )
(13) 결과	( )	(14) 결정	( )
(15) 생활	( )	(16) 인격	( )
(17) 실행	( )		

월   일 이름   확인

❸ 다음 漢字語의 讀音을 쓰세요.

(1) 寄生   (   )   (2) 禁書   (   )

(3) 劇場   (   )   (4) 起立   (   )

(5) 禁止   (   )   (6) 筋力   (   )

(7) 溫暖   (   )   (8) 心筋   (   )

(9) 鐵筋   (   )   (10) 勤儉   (   )

(11) 機能   (   )   (12) 缺勤   (   )

(13) 夜勤   (   )   (14) 難關   (   )

(15) 劇本   (   )   (16) 筋骨   (   )

(17) 監禁   (   )   (18) 紀元   (   )

(19) 器官   (   )   (20) 世紀   (   )

(21) 暖流   (   )   (22) 史劇   (   )

(23) 奇案   (   )   (24) 發起   (   )

(25) 寄居   (   )   (26) 劇團   (   )

(27) 西紀   (   )   (28) 器具   (   )

(29) 勤勞   (   )   (30) 機會   (   )

❹ 다음 漢字의 訓과 音을 쓰세요.

(1) 起   (   )   (2) 筋   (   )

(3) 機   (   )   (4) 難   (   )

(5) 奇   (   )   (6) 紀   (   )

(7) 劇   (   )   (8) 禁   (   )

(9) 器   (   )   (10) 勤   (   )

❺ 다음에 例示한 漢字語 중에서 앞 글자가 長音으로 發音되는 것을 골라 그 番號를 쓰세요.

(1) ① 勤儉 ② 苦難 ③ 寄生 ④ 軍紀

(2) ① 機會 ② 禁止 ③ 國難 ④ 監禁

(3) ① 溫暖 ② 起居 ③ 暖流 ④ 寄宿

⑥ 다음 漢字와 뜻이 상대 또는 반대되는 漢字를 써서 漢字語를 만드세요.

> 例   江 − (山)

(1) 寒 − (   )   (2) (   ) − 答

⑦ 다음 漢字와 뜻이 비슷한 漢字를 써서 漢字語를 만드세요.

> 例   河 − (川)

(1) 溫 − (   )   (2) (   ) − 大
(3) 住 − (   )

⑧ 다음 漢字語의 ( )안에 알맞은 漢字를 쓰세요.

> 例   見(物)生心 : 실물을 보면 욕심이 생김

(1) 君子不(   ) : 군자의 역량은 그릇에 국한되지 않는다
(2) 難(   )不落 : 공격하기가 어려워 좀처럼 함락되지 않음
(3) (   )兄難弟 : 두 가지 것 사이의 우열이나 정도의 차이를 판단하기 어려움의 비유

⑨ 다음 漢字의 部首로 맞는 것을 골라 그 番號를 쓰세요.

(1) 劇 − (① 刂 ② 虍 ③ 豕 ④ 七)
(2) 筋 − (① 月 ② 力 ③ 竹 ④ 肉)
(3) 寄 − (① 可 ② 宀 ③ 大 ④ 口)

⑩ 다음 漢字와 소리는 같으나 뜻이 다른 漢字語를 쓰세요.

> 例   山水 − (算數)

(1) 西紀 − (   )   (2) 寄居 − (   )
(3) 器具 − (   )

⑪ 다음 漢字의 略字(획수를 줄인 漢字)를 쓰세요.

(1) 號 − (   )   (2) 輕 − (   )
(3) 傳 − (   )

孟맏맹 母어미모 三석삼 遷옮길천

孟母三遷은 맹자의 어머니가 아들의 교육을 위해 세 번 씩이나 이사를 한 것에서 유래되어 **교육은 환경이 중요하고 또, 자식을 위한 부모의 관심과 노력이 필요하다**는 것을 보여 주는 고사이다.

홀어머니와 가난하게 살던 맹자는 어린시절 공동묘지 근처에서 살았다.

어린 맹자는 늘 장례 놀이만하며 놀았다.

맹자 어머니는 시장 근처로 이사를 갔다. 그러자 맹자는 장사하는 놀이만 했다.

이번에는 서당 옆으로 이사를 했다. 그러자 맹자는 책을 읽는 시늉을 하며 놀게 되었고 훗날 학업을 열심히 연마하여 훌륭한 대학자가 되었다. 이렇게 맹자 어머니(孟母)는 아들의 교육을 위해 세(三) 번씩이나 이사(遷)를 하면서 자식 교육을 위해 힘썼다.

아래의 풀이에 알맞은 한자를 쓰세요.

①		②	③			
兄		花	④	者		⑤
					⑥	
弟		水				元
⑦	想	⑧			⑨	
			⑩		回	
					蟲	

▶ 가로 열쇠

① 공격하기가 어려워 좀처럼 함락되지 않음

④ 근로에 의한 소득으로 생활을 하는 사람

⑥ 서력으로 연대를 헤아리는 데 쓰는 기원

⑦ 보통으로는 짐작도 할 수 없을 만큼 생각이 기발하고 엉뚱함

⑩ 중병으로 죽을뻔 하다가 겨우 살아남

▼ 세로 열쇠

① 누가 더 낫다고 할 수 없을 정도로 둘이 서로 비슷함

② 가는 봄의 정경을 나타내는 말

③ 근무하는 날에 나가지 않고 빠지는 것

⑤ 획기적인 사실로 인하여 나타나는 새 시대

⑧ 하늘과 땅. 세상

⑨ 다른 생물에 기생하는 동물

 納 들일 납

 努 힘쓸 노

 怒 성낼 노

 段 층계 단

 單 홑 단

端 끝 단

 檀 박달나무 단

 斷 끊을 단

 達 통달할 달

 擔 멜 담

 黨 무리 당

 帶 띠 대

 隊 무리 대

 逃 도망 도

 徒 무리 도

 盜 도둑 도

✏️ 다음 한자의 훈음을 알아 보고 빈 칸에 알맞게 쓰세요.

훈 들일   음 납

糸(실 사)가 뜻부분, 內(안 내)가 음부분이다. 실이 물을 안으로 빨아들인다하여 **'들이다, 받아들이다'** 를 뜻한다.

훈 힘쓸   음 노

奴(종 노)가 음부분, 力(힘 력)이 뜻부분이다. 종처럼 힘써 노력한다는데서 **'힘쓰다'** 를 뜻한다.

糸부수 총 10획							納納納納納納納納納納
納	納	納	納	納	納	納	納
들일 **납**	들일 납						

어휘 : 納稅(납세) 出納(출납)	상대반의어 : 出(날 출)

力부수 총 7획							努努努努努努努
努	努	努	努	努	努	努	努
힘쓸 **노**	힘쓸 노						

어휘 : 努力(노력)	모양이 비슷한 한자 : 怒(성낼 노)

다음 한자의 훈음을 알아 보고 빈 칸에 알맞게 쓰세요.

怒

훈 성낼   음 노:

段

훈 층계   음 단

奴(종 노)가 음부분, 心(마음 심)이 뜻부분이다. 고된 일로 말미암아 노여운 마음이 일어난다는 것에서 '성내다'를 뜻한다.

쇠망치(殳)를 들고(又) 언덕(厂)에 있는 돌(石)을 깨뜨려 층계를 만든다는데서 '계단'을 뜻한다.

心부수 총 9획				ㄥ ㄠ ㄠ 如 奴 奴 怒 怒 怒

怒

성낼 노

사자성어 : 天人共怒(천인공노) – 누구나 분노를 참을 수 없을 만큼 증오스럽거나 도저히 용납될 수 없음을 이르는 말.

모양이 비슷한 한자 : 努(힘쓸 노)
恕(용서할 서 : 3급)

殳부수 총 9획				´ ㄷ ㄸ ㄸ 刍 皀 皀 段 段

段

층계 단

어휘 : 階段(계단) 段落(단락)

유의어 : 階(섬돌 계)

📋 다음 한자의 훈음을 알아 보고 빈 칸에 알맞게 쓰세요.

훈 홑   음 단

Y자형의 나뭇가지 끝에 돌을 매달아 만든 무기의 일종을 일컫는 것이었다. 후에 **'홑, 단지, 하나'**를 뜻하게 되었다.
※ 單은 흉노임금 선으로도 쓰인다(單于 : 선우)

훈 끝   음 단

立(설 립)이 뜻부분, 耑(시초 단)이 음부분이다. 바르게 서 있는 모습에서 **'바르다'**의 뜻이었는데 후에 **'끝, 실마리'**의 뜻으로 쓰였다.

口부수 총 12획

單 單 單 單 單 單 單

單

홑 단

약자

単

홑 단

어휘 : 單語(단어) 單位(단위)
사자성어 : 單刀直入(단도직입) – 군말이나 서두를 빼고 곧장 요지를 말함.

유의어 : 獨(홀로 독)
상대반의어 : 複(겹칠 복)

立부수 총 14획

端 端 端 端 端 端 端 端 端 端 端 端 端

端

끝 단

끝 단

어휘 : 發端(발단) 末端(말단)

유의어 : 極(다할 극), 末(끝 말)
모양이 비슷한 한자 : 瑞(상서로울 서 : 2급)

월   일   이름: 확인:

🔵 다음 한자의 훈음을 알아 보고 빈 칸에 알맞게 쓰세요.

檀

훈 박달나무   음 단

斷

훈 끊을   음 단:

木(나무 목)이 뜻부분, 亶(믿음 단)이 음부분으로 '박달나무'를 뜻한다.

𢇁는 어떤 물건을 실로 엮어 놓은 것인데, 그것에 도끼 근(斤)을 덧붙여 놓아 '끊다'를 뜻하게 되었다.

木부수 총 17획	木 朾 栫 栫 栫 栫 椢 椢 椢 檀 檀 檀 檀 檀

檀

박달나무 **단**

어휘 : 檀君(단군) 檀紀(단기)

斤부수 총 18획	𢇁 𢇁 𢇁 𢇁 𢇁 斷 斷 斷 斷 斷

斷

끊을 **단**

약자

断

사자성어 : 斷金之交(단금지교) – 매우 친밀한 우정이나 교제.
死生決斷(사생결단) – 끝장을 내려고 대듦.

상대반의어 : 續(이을 속)
유의어 : 絶(끊을 절)

✎ 다음 한자의 훈음을 알아 보고 빈 칸에 알맞게 쓰세요.

훈 통달할   음 달

辶(쉬엄쉬엄갈 착)이 뜻부분, 羍(어린양 달)이 음부분이다. '**통달하다, 다다르다, 통하다**' 등을 뜻한다.

훈 멜   음 담

手(손 수)가 뜻부분, 詹(이를 첨)이 음부분이다. '**메다, 맡다**' 등을 뜻한다.

辶(辵)부수 총 13획

達 達 達 達 達 達 達 辛 辛 辛 達 達 達

達
達 達 達 達 達 達 達

통달할 **달**

통달할 달

어휘 : 發達(발달) 通達(통달)
사자성어 : 四通八達(사통팔달) – 길이 여러 군데로 막힘 없이 통함.

扌(手)부수 총 16획

扌 扌 扩 扩 扩 护 护 护 擔 擔 擔 擔 擔 擔

擔
擔 擔 擔 擔 擔 擔 擔

약자

担

멜 **담**

멜 담

어휘 : 負擔(부담) 擔任(담임)

다음 한자의 훈음을 알아 보고 빈 칸에 알맞게 쓰세요.

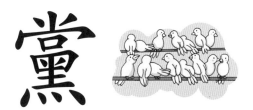

훈 무리   음 당

훈 띠   음 대(:)

堂(집 당)이 음부분, 黑(검을 흑)이 뜻부분이다. '무리, 단체'를 뜻한다.

허리띠를 매어 몸에 주름이 진 모양을 본뜬 것이다. '띠, 차다, 뻗다'를 뜻한다.

黑부수 총 20획

黨 黨 黨 黨 黨 黨 黨 黨 黨 黨 黨 黨

黨

무리 당

약자

党

어휘 : 野黨(야당) 黨爭(당쟁)   유의어 : 徒(무리 도)

巾부수 총 11획

帶 帶 帶 帶 帶 帶 帶 帶 帶 帶 帶

帶

띠 대

어휘 : 眼帶(안대) 地帶(지대)
사자성어 : 一衣帶水(일의대수) - 한 줄기 띠와 같은 작은 냇물이나 바닷물.

📝 다음 한자의 훈음을 알아 보고 빈 칸에 알맞게 쓰세요.

훈 무리   음 대

언덕(阜)에서 굴러 떨어지는 사람의 모습을 본 뜬 것으로 군대의 편제 단위로 쓰여 '**무리**'를 뜻하게 되었다.

훈 도망   음 도

辶(쉬엄쉬엄갈 착)이 뜻부분, 兆(조짐 조)가 음 부분이다. 점을 쳐서 불길한 조짐이 나와 그곳을 피해 떠난다는데서 '**도망**'을 뜻한다.

阝(阜)부수 총 12획   阝 阣 阥 阥 隊 陊 陊 隊 隊 隊

隊

무리 **대**

어휘 : 部隊(부대) 軍樂隊(군악대) 特攻隊(특공대)

辶(辵)부수 총 10획   丿 刂 扌 兆 兆 兆 逃 逃 逃 逃

逃

도망 **도**

어휘 : 逃亡(도망) 逃走(도주)
사자성어 : 夜半逃走(야반도주) – 남의 눈을 피하여 밤에 몰래 달아남.

다음 한자의 훈음을 알아 보고 빈 칸에 알맞게 쓰세요.

徒

훈 무리   음 도

彳(자축거릴 척)과 走(달릴 주)가 합하여 '걸어
가다, 무리, 헛되다' 등을 뜻한다.

盜

훈 도둑   음 도(ː)

그릇(皿)에 담긴 음식을 먹고 싶어 훔치고 싶은
마음에서 '훔치다, 도둑'을 뜻한다.

彳부수 총 10획

彳丿彳彳彳徉徉徉徒徒

徒

무리 도

徒 徒 徒 徒 徒 徒 徒

어휘 : 徒步(도보) 信徒(신도)
사자성어 : 無爲徒食(무위도식) – 하는 일 없이 먹고 놀기만 함.

유의어 : 黨(무리 당)
모양이 비슷한 한자 : 徙(옮길 사 : 1급)

皿부수 총 12획

盜盜丶氵氵汐次次次盗盜盜

盜

도둑 도

盜 盜 盜 盜 盜 盜 盜

어휘 : 盜難(도난) 盜賊(도적)
사자성어 : 鷄鳴狗盜(계명구도) – 비굴한 꾀를 써서 남을 속이는 천박한 사람을 이름.

❶ 다음 漢字語의 讀音을 쓰세요.

(1) 斷電　(　　) 　(2) 出納　(　　)
(3) 擔任　(　　) 　(4) 努力　(　　)
(5) 強盜　(　　) 　(6) 獨斷　(　　)
(7) 盜難　(　　) 　(8) 逃亡　(　　)
(9) 手段　(　　) 　(10) 生徒　(　　)
(11) 單價　(　　) 　(12) 單卷　(　　)
(13) 食單　(　　) 　(14) 端午　(　　)
(15) 惡黨　(　　) 　(16) 發端　(　　)
(17) 敎徒　(　　) 　(18) 檀君　(　　)
(19) 檀紀　(　　) 　(20) 熱帶林　(　　)
(21) 斷食　(　　) 　(22) 納品　(　　)
(23) 決斷　(　　) 　(24) 歸納法　(　　)
(25) 軍隊　(　　) 　(26) 達筆　(　　)
(27) 發達　(　　) 　(28) 盜用　(　　)
(29) 擔當　(　　) 　(30) 激怒　(　　)

❷ 다음 漢字의 訓과 音을 쓰세요.

(1) 斷　(　　) 　(2) 帶　(　　)
(3) 怒　(　　) 　(4) 段　(　　)
(5) 單　(　　) 　(6) 盜　(　　)
(7) 檀　(　　) 　(8) 達　(　　)
(9) 納　(　　) 　(10) 擔　(　　)
(11) 黨　(　　) 　(12) 逃　(　　)
(13) 努　(　　) 　(14) 端　(　　)
(15) 徒　(　　) 　(16) 隊　(　　)

❸ 다음 밑줄 친 漢字語를 漢字로 쓰세요.

(1) 너는 재능은 있는데 <u>노력</u>이 부족하구나.
(2) <u>격노</u>한 군중은 거리로 쏟아져 나와 시위를 벌였다.
(3) 그 효자는 어머니의 병을 낫게 하기 위해 별별 <u>수단</u>을 다 썼다.
(4) 생산 <u>단가</u>를 낮추십시오.
(5) 음력 5월 5일은 <u>단오</u>입니다.
(6) 우리 겨레의 시조는 <u>단군</u> 할아버지입니다.
(7) 우리 <u>담임</u> 선생님은 참 좋으신 분이십니다.
(8) 그 병사는 행군 <u>대열</u>에서 이탈했다.
(9) 교회에 <u>신도</u>들이 많이 모였습니다.
(10) 간밤에 <u>도난</u> 사고가 발생했습니다.

❹ 다음에 例示한 漢字語 중에서 앞 글자가 長音으로 發音되는 것을 골라 그 番號를 쓰세요.

(1) ① 徒黨 ② 怒氣 ③ 樂隊 ④ 極端
(2) ① 單身 ② 出納 ③ 努力 ④ 斷水
(3) ① 納期 ② 端午 ③ 帶同 ④ 擔任

❺ 다음 漢字와 뜻이 상대 또는 반대되는 漢字를 써서 漢字語를 만드세요.

> 例   江 – (山)

(1) 自 – (   )   (2) (   ) – 夜
(3) 出 – (   )

❻ 다음 漢字와 뜻이 비슷한 漢字를 써서 漢字語를 만드세요.

> 例   河 – (川)

(1) 末 – (   )   (2) 到 – (   )
(3) 徒 – (   )

⑦ 다음 漢字語의 (　)안에 알맞은 漢字를 쓰세요.

> 例   見(物)生心 : 실물을 보면 욕심이 생김

(1) (　　　)發大發 : 몹시 화를 내면서 큰 소리를 치거나 하는 것

(2) (　　　)金之交 : 친구 사이의 정의가 매우 두터운 교분

(3) 一衣(　　　)水 : 한 줄기의 띠와 같은 작은 냇물이나 바닷물

⑧ 다음 漢字의 部首로 맞는 것을 골라 그 番號를 쓰세요.

(1) 努 – (① 女 ② 又 ③ 刀 ④ 力)

(2) 端 – (① 山 ② 立 ③ 而 ④ 端)

(3) 擔 – (① 扌 ② 厂 ③ 儿 ④ 言)

(4) 盜 – (① 氵 ② 欠 ③ 血 ④ 皿)

⑨ 다음 漢字와 소리는 같으나 뜻이 다른 漢字語를 쓰세요.

> 例   山水 – (算數)

(1) 單價 – (　　　　　)   (2) 極端 – (　　　　　)

(3) 端正 – (　　　　　)

⑩ 다음 漢字語의 뜻을 쓰세요.

(1) 單價 :

(2) 末端 :

(3) 達筆 :

⑪ 다음 漢字의 略字(획수를 줄인 漢字)를 쓰세요.

(1) 單 – (　　　　)   (2) 斷 – (　　　　)

(3) 擔 – (　　　　)   (4) 黨 – (　　　　)

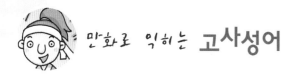
矛 _{창 모} 盾 _{방패 순}

矛盾은 원래 **창과 방패**를 뜻하지만 이 고사에서 유래하여 **말이나 행동의 앞뒤가 맞지 않음**을 일컫는 성어이다.

자, 어서들 와 보시오.

전국시대 초나라에 방패와 창을 파는 사람이 있었다.

그가 자기 손에 들고 있는 창을 가리키며 말했다.

이 창은 세상의 어떤 방패라도 뚫을 수 있는 가장 날카로운 창입니다

이 방패는 세상의 어떤 창도 막아낼 수 있는 견고한 방패랍니다.

또, 이번에는 다른 손에 들려 있는 방패를 가리키며

그 창(矛)으로 그 방패(盾)를 찌르면 어떻게 됩니까?

그러자 장사꾼의 이야기를 듣고 있던 한 사람이 묻기를

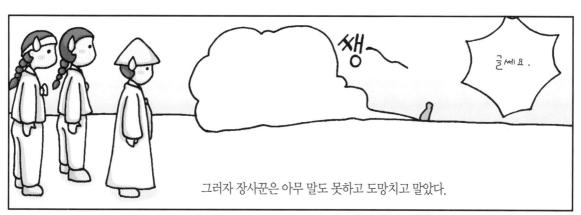

쌩~

글쎄요.

그러자 장사꾼은 아무 말도 못하고 도망치고 말았다.

아래의 풀이에 알맞은 한자를 쓰세요.

① 天	人	②			③	
		發		④ 死	⑤	品
				生		
⑥ 分	⑦	發				
				⑧	金	
			⑨ 末			
⑩ 一	⑪	水	⑫			

▶ 가로 열쇠
① 누구나 분노를 참을 수 없을 만큼 증오스럽거나 도저히 용납될 수 없음을 이르는 말
⑤ 물품을 바치는 것
⑥ 나누어서 맡는 것
⑧ 매우 친밀한 우정이나 교제
⑩ 한 줄기 띠와 같은 작은 냇물이나 바닷물
⑫ 민속에서 음력 오월 닷샛날을 명절로 이르는 말

▼ 세로 열쇠
② 몹시 화를 내면서 큰 소리를 치거나 하는 것
③ 남을 대신하여 바침
④ 끝장을 내려고 대듦
⑦ 학교에서 학급이나 학과목을 책임지고 맡아봄. 또는 그 사람
⑨ 맨 끄트머리
⑪ 옷

부 록

8급(50자), 7급 7급Ⅱ(100자) 신출한자를
복습합니다. 4급 4급Ⅱ 시험의 쓰기 범위가
되니 능숙하게 쓸 수 있도록 연습하세요.

월   일   이름: 확인:

📝 다음 한자의 훈음을 알아 보고 빈 칸에 알맞게 쓰세요.

校 학교 교	校	校			
木 - 총 10획	校長(교장)	校門(교문)	동음이의어 : 敎(가르칠 교), 交(사귈 교)		
敎 가르칠 교	敎	敎			
攵(攴)-총 11획	敎人(교인)	敎室(교실)	동음이의어 : 校(학교 교), 交(사귈 교)		
九 아홉 구	九	九			
乙 - 총 2획	九月(구월)	十中八九(십중팔구)	동음이의어 : 口(입 구), 球(공 구)		
國 나라 국	國	國			
□ - 총 11획	國土(국토)	母國(모국)	동음이의어 : 局(판 국)		
軍 군사 군	軍	軍			
車 - 총 9획	軍人(군인)	國軍(국군)	동음이의어 : 郡(고을 군), 君(임금 군)		
金 쇠 금/성 김	金	金			
金 - 총 8획	年金(연금)	金九(김구)	동음이의어 : 今(이제 금), 禁(금할 금)		
南 남녘 남	南	南			
十 - 총 9획	南韓(남한)	南大門(남대문)	동음이의어 : 男(사내 남) 상대반의어 : 北(북녘 북)		
女 계집 녀(여)	女	女			
女 - 총 3획	長女(장녀)	女軍(여군)	상대반의어 : 男(사내 남)		
年 해 년(연)	年	年			
干 - 총 6획	中年(중년)	生年月日(생년월일)	유의어 : 歲(해 세)		

📝 다음 한자의 훈음을 알아 보고 빈 칸에 알맞게 쓰세요.

大 큰 대					
大 – 총 3획	大學(대학) 大門(대문)			상대반의어 : 小(작을 소)	

東 동녘 동					
木 – 총 8획	東西南北(동서남북) 東大門(동대문)			상대반의어 : 西(서녘 서)	

六 여섯 륙(육)					
八 – 총 4획	六寸(육촌) 六學年(육학년)			동음이의어 : 陸(뭍 륙)	

萬 일만 만					
⺾(艸) – 총 13획	萬國(만국)			동음이의어 : 滿(찰 만) 약자 : 万	

母 어미 모					
毋 – 총 5획	母女(모녀) 母校(모교)			상대반의어 : 父(아비 부)	

木 나무 목					
木 – 총 4획	長木(장목)			동음이의어 : 目(눈 목), 牧(칠 목)	

門 문 문					
門 – 총 8획	門中(문중) 水門(수문)			동음이의어 : 文(글월 문), 問(물을 문)	

民 백성 민					
氏 – 총 5획	民生(민생)			상대반의어 : 君(임금 군), 官(벼슬 관)	

白 흰 백					
白 – 총 5획	白人(백인) 白軍(백군)			모양이 비슷한 한자 : 自(스스로 자) 상대반의어 : 黑(검을 흑)	

📝 다음 한자의 훈음을 알아 보고 빈 칸에 알맞게 쓰세요.

父 아비 부	父	父			
父 – 총 4획	父女(부녀)	父母(부모)	동음이의어 : 夫(지아비 부), 部(떼 부) 상대반의어 : 母(어미 모)		
北 북녘 북/달아날 배	北	北			
匕 – 총 5획	北門(북문)	北韓(북한)	상대반의어 : 南(남녘 남)		
四 넉 사	四	四			
口 – 총 5획	四寸(사촌)	四方(사방)	동음이의어 : 事(일 사), 社(모일 사)		
山 메 산	山	山			
山 – 총 3획	靑山(청산)	山水(산수)	상대반의어 : 江(강 강), 河(물 하), 川(내 천)		
三 석 삼	三	三			
一 – 총 3획	三月(삼월)	三日(삼일)			
生 날 생	生	生			
生 – 총 5획	生水(생수)	生日(생일)	유의어 : 産(낳을 산) 상대반의어 : 死(죽을 사)		
西 서녘 서	西	西			
襾 – 총 6획	西山(서산)	東西(동서)	상대반의어 : 東(동녘 동)		
先 먼저 선	先	先			
儿 – 총 6획	先生(선생)	先王(선왕)	상대반의어 : 後(뒤 후)		
小 작을 소	小	小			
小 – 총 3획	小國(소국)	小人(소인)	동음이의어 : 少(적을 소), 所(바 소) 상대반의어 : 大(큰 대)		

8급 한자복습

월   일   이름: 확인:

📝 다음 한자의 훈음을 알아 보고 빈 칸에 알맞게 쓰세요.

水 물 수				
水 – 총 4획	水軍(수군) 水國(수국)		유의어 : 河(물 하) 상대반의어 : 火(불 화)	
室 집 실				
宀 – 총 9획	室外(실외) 溫室(온실)		유의어 : 家(집 가), 屋(집 옥)	
十 열 십				
十 – 총 2획	十月(시월) 十日(십일)			
五 다섯 오				
二 – 총 4획	三三五五(삼삼오오)		동음이의어 : 午(낮 오), 誤(그르칠 오)	
王 임금 왕				
王(玉) – 총 4획	國王(국왕) 王室(왕실)		유의어 : 帝(임금 제) 모양이 비슷한 한자 : 玉(구슬 옥)	
外 바깥 외				
夕 – 총 5획	外國人(외국인) 校外(교외)		상대반의어 : 內(안 내)	
月 달 월				
月 – 총 4획	月出(월출) 日月(일월)		상대반의어 : 日(해 일)	
二 두 이				
二 – 총 2획	二十(이십) 二重(이중)		동음이의어 : 以(써 이), 耳(귀 이)	
人 사람 인				
人 – 총 2획	萬人(만인) 人生(인생)		동음이의어 : 因(인할 인), 認(알 인)	

✏️ 다음 한자의 훈음을 알아 보고 빈 칸에 알맞게 쓰세요.

一 한 일	一	一				
一 – 총 1획	一生(일생) 同一(동일)			동음이의어 : 日(날 일)		
日 날 일	日	日				
日 – 총 4획	韓日(한일) 日月(일월)			상대반의어 : 月(달 월)		
長 긴/어른 장	長	長				
長 – 총 8획	生長(생장) 長點(장점)			상대반의어 : 短(짧을 단)		
弟 아우 제	弟	弟				
弓 – 총 7획	兄弟(형제) 弟夫(제부)			상대반의어 : 兄(맏 형)		
中 가운데 중	中	中				
丨 – 총 4획	中學生(중학생) 中間(중간)			동음이의어 : 重(무거울 중), 衆(무리 중)		
靑 푸를 청	靑	靑				
靑 – 총 8획	靑山(청산) 靑年(청년)			상대반의어 : 紅(붉을 홍), 赤(붉을 적)		
寸 마디 촌	寸	寸				
寸 – 총 3획	三寸(삼촌) 寸陰(촌음)			동음이의어 : 村(마을 촌)		
七 일곱 칠	七	七				
一 – 총 2획	七月(칠월) 七日(칠일)					
土 흙 토	土	土				
土 – 총 3획	土木(토목) 土人(토인)			동음이의어 : 討(칠 토)		

8급 한자복습

월   일   이름: 확인:

💿 다음 한자의 훈음을 알아 보고 빈 칸에 알맞게 쓰세요.

八 여덟 팔	八	八			
八 – 총 2획	十八金(십팔금)			모양이 비슷한 한자 : 入(들 입), 人(사람 인)	
學 배울 학	學	學			
子 – 총 16획	學生(학생) 學校(학교)			약자 : 学	
韓 나라 한	韓	韓			
韋 – 총 17획	大韓民國(대한민국) 韓族(한족)			동음이의어 : 漢(한수/한나라 한), 寒(찰 한)	
兄 맏/형 형	兄	兄			
儿 – 총 5획	學父兄(학부형) 兄弟(형제)			상대반의어 : 弟(아우 제)	
火 불 화	火	火			
火 – 총 4획	火山(화산) 火災(화재)			상대반의어 : 水(물 수)	

💧 다음 한자의 훈음을 알아 보고 빈 칸에 알맞게 쓰세요.

家 집 가	家	家				
宀 – 총 10획	家事(가사) 家長(가장)			유의어 : 室(집 실), 屋(집 옥)		
歌 노래 가	歌	歌				
欠 – 총 14획	校歌(교가) 歌手(가수)			유의어 : 謠(노래 요)		
間 사이 간	間	間				
門 – 총 12획	人間(인간) 間食(간식)			모양이 비슷한 한자 : 問(물을 문), 聞(들을 문)		
江 강 강	江	江				
氵(水) – 총 6획	江山(강산) 江南(강남)		동음이의어 : 强(강할 강), 康(편안 강) 상대반의어 : 山(메 산)			
車 수레 거/차	車	車				
車 – 총 7획	自動車(자동차) 人力車(인력거)					
工 장인 공	工	工				
工 – 총 3획	工場(공장) 人工(인공)			동음이의어 : 空(빌 공), 功(공 공)		
空 빌 공	空	空				
穴 – 총 8획	空間(공간) 空軍(공군)			유의어 : 虛(빌 허)		
口 입 구	口	口				
口 – 총 3획	人口(인구) 食口(식구)			동음이의어 : 九(아홉 구), 球(공 구)		
氣 기운 기	氣	氣				
气 – 총 10획	生氣(생기) 氣力(기력)			동음이의어 : 記(기록할 기), 旗(기 기)		

🔵 다음 한자의 훈음을 알아 보고 빈 칸에 알맞게 쓰세요.

記 기록할 기	記	記			
言 – 총 10획	記事(기사)	記入(기입)		유의어 : 錄(기록할 록)	
旗 기 기	旗	旗			
方 – 총 14획	國旗(국기)	旗手(기수)		동음이의어 : 技(재주 기), 汽(물끓는김 기)	
男 사내 남	男	男			
田 – 총 7획	男女(남녀)	男子(남자)		상대반의어 : 女(계집 녀/여)	
內 안 내	內	內			
入 – 총 4획	內心(내심)	內面(내면)		상대반의어 : 外(바깥 외)	
農 농사 농	農	農			
辰 – 총 13획	農夫(농부)	農村(농촌)			
答 대답할 답	答	答			
竹 – 총 12획	答紙(답지)	正答(정답)		상대반의어 : 問(물을 문)	
道 길 도	道	道			
辶 (辵) – 총13획	孝道(효도)	道場(도장/도량)		유의어 : 路(길 로), 程(한도/길 정)	
同 한가지 동	同	同			
口 – 총 6획	同氣(동기)	同生(동생)		유의어 : 如(같을 여) 상대반의어 : 異(다를 이)	
冬 겨울 동	冬	冬			
冫 – 총 5획	立冬(입동)	冬至(동지)		상대반의어 : 夏(여름 하)	

📝 다음 한자의 훈음을 알아 보고 빈 칸에 알맞게 쓰세요.

洞 고을 동	洞	洞			
氵(水) - 총 9획	洞口(동구) 洞里(동리)			유의어 : 邑(고을 읍), 里(마을 리)	
動 움직일 동	動	動			
力 - 총 11획	生動(생동) 動力(동력)			동음이의어 : 同(한가지 동), 冬(겨울 동)	
登 오를 등	登	登			
癶 - 총 12획	登山(등산) 登校(등교)			동음이의어 : 等(무리 등), 燈(등불 등)	
來 올 래	來	來			
人 - 총 8획	來年(내년) 來日(내일)			상대반의어 : 往(갈 왕), 去(갈 거)	
力 힘 력	力	力			
力 - 총 2획	國力(국력) 自力(자력)			모양이 비슷한 한자 : 九(아홉 구), 刀(칼 도)	
老 늙을 로	老	老			
老 - 총 6획	老人(노인) 老少(노소)			모양이 비슷한 한자 : 孝(효도 효) 상대반의어 : 少(젊을 소)	
里 마을 리	里	里			
里 - 총 7획	千里馬(천리마) 里長(이장)			유의어 : 邑(고을 읍), 洞(고을 동)	
林 수풀 림	林	林			
木 - 총 8획	山林(산림) 國有林(국유림)				
立 설 립	立	立			
立 - 총 5획	市立(시립) 立春(입춘)			상대반의어 : 坐(앉을 좌)	

🖊 다음 한자의 훈음을 알아 보고 빈 칸에 알맞게 쓰세요.

每 매양 매					
毋 – 총 7획	每日(매일)	每事(매사)	모양이 비슷한 한자 : 海(바다 해)		

面 낯 면					
面 – 총 9획	地面(지면)	面長(면장)			

名 이름 명					
口 – 총 6획	名山(명산)	名所(명소)	상대반의어 : 姓(성씨 성)		

命 목숨 명					
口 – 총 8획	人命(인명)	命中(명중)	동음이의어 : 明(밝을 명), 鳴(울 명)		

文 글월 문					
文 – 총 4획	文人(문인)	文學(문학)	상대반의어 : 武(호반 무)		

問 물을 문					
口 – 총 11획	問答(문답)	問安(문안)	상대반의어 : 答(대답할 답)		

物 물건 물					
牛 – 총 8획	萬物(만물)	名物(명물)	상대반의어 : 心(마음 심)		

方 모 방					
方 – 총 4획	東方(동방)	四方(사방)	동음이의어 : 防(막을 방), 訪(찾을 방)		

百 일백 백					
白 – 총 6획	百姓(백성)	百方(백방)	동음이의어 : 白(흰 백)		

🔵 다음 한자의 훈음을 알아 보고 빈 칸에 알맞게 쓰세요.

夫 지아비 부	夫	夫			
大 - 총 4획	夫人(부인) 工夫(공부)		상대반의어 : 婦(며느리 부)		
不 아니 불/부	不	不			
一 - 총 4획	不動(부동) 不安(불안)		동음이의어 : 佛(부처 불)		
事 일 사	事	事			
」- 총 8획	事物(사물) 事件(사건)		유의어 : 業(일 업)		
算 셈 산	算	算			
竹 - 총 14획	算出(산출) 算數(산수)		유의어 : 計(꾀/셈 계)		
上 위 상	上	上			
一 - 총 3획	地上(지상) 上中下(상중하)		상대반의어 : 下(아래 하)		
色 빛 색	色	色			
色 - 총 6획	色紙(색지) 同色(동색)		유의어 : 彩(색 채)		
夕 저녁 석	夕	夕			
夕 - 총 3획	夕食(석식) 秋夕(추석)		상대반의어 : 朝(아침 조)		
姓 성 성	姓	姓			
女 - 총 8획	姓名(성명) 同姓(동성)		상대반의어 : 名(이름 명)		
世 인간 세	世	世			
一 - 총 5획	世人(세인) 世上(세상)		동음이의어 : 歲(해 세), 洗(씻을 세)		

7급 한자복습(7급Ⅱ 포함)

월   일   이름: 확인:

다음 한자의 훈음을 알아 보고 빈 칸에 알맞게 쓰세요.

少 적을 소						
小 – 총 4획	少女(소녀) 少年(소년)			상대반의어 : 老(늙을 로), 多(많을 다)		

所 바 소						
戶 – 총 8획	所重(소중) 所有(소유)			유의어 : 處(곳 처)		

手 손 수						
手 – 총 4획	手足(수족) 手中(수중)			상대반의어 : 足(발 족)		

數 셈 수						
攵(攴) – 총 15획	數日(수일) 數字(숫자)			약자 : 数		

市 저자 시						
巾 – 총 5획	市場(시장) 市民(시민)			동음이의어 : 時(때 시), 始(처음 시)		

時 때 시						
日 – 총 10획	時日(시일) 時間(시간)			동음이의어 : 示(보일 시), 試(시험할 시)		

食 밥/먹을 식						
食 – 총 9획	食後(식후) 食事(식사)			동음이의어 : 植(심을 식), 式(법 식)		

植 심을 식						
木 – 총 12획	植木日(식목일) 植物(식물)			동음이의어 : 識(알 식), 息(쉴 식)		

心 마음 심						
心 – 총 4획	心中(심중) 人心(인심)			상대반의어 : 身(몸 신)		

🔵 다음 한자의 훈음을 알아 보고 빈 칸에 알맞게 쓰세요.

安 편안할 안	安	安				
宀 - 총 6획	安心(안심) 安全(안전)		동음이의어 : 案(책상 안), 眼(눈 안) 상대반의어 : 危(위태할 위)			
語 말씀 어	語	語				
言 - 총 14획	國語(국어) 語學(어학)		유의어 : 言(말씀 언), 辭(말씀 사)			
然 그럴 연	然	然				
灬(火) - 총 12획	天然(천연) 自然(자연)		동음이의어 : 煙(연기 연), 演(펼 연)			
午 낮 오	午	午				
十 - 총 4획	午前(오전) 午後(오후)		모양이 비슷한 한자 : 牛(소 우)			
右 오를/오른 우	右	右				
口 - 총 5획	右側(우측) 右向右(우향우)		상대반의어 : 左(왼 좌)			
有 있을 유	有	有				
月 - 총 6획	有力(유력) 有名(유명)		상대반의어 : 無(없을 무)			
育 기를 육	育	育				
月(肉) - 총 8획	教育(교육) 育林(육림)		유의어 : 養(기를 양)			
邑 고을 읍	邑	邑				
邑 - 총 7획	邑內(읍내) 邑長(읍장)		유의어 : 洞(고을 동)			
入 들 입	入	入				
入 - 총 2획	入口(입구) 入場(입장)		상대반의어 : 出(날 출)			

💬 다음 한자의 훈음을 알아 보고 빈 칸에 알맞게 쓰세요.

自 스스로 자					
自 - 총 6획	自國(자국) 自生(자생)			상대반의어 : 他(남 타)	
子 아들 자					
子 - 총 3획	子女(자녀) 父子(부자)			동음이의어 : 字(글자 자), 者(놈 자)	
字 글자 자					
子 - 총 6획	文字(문자) 字母(자모)			동음이의어 : 自(스스로 자), 姿(모양 자)	
場 마당 장					
土 - 총 12획	農場(농장) 場所(장소)			동음이의어 : 章(글 장), 將(장수 장)	
電 번개 전					
雨 - 총 13획	電氣(전기) 電動車(전동차)			동음이의어 : 全(온전 전), 前(앞 전)	
全 온전 전					
入 - 총 6획	全國(전국) 全校(전교)			동음이의어 : 戰(싸움 전), 典(법 전) 유의어 : 完(완전할 완)	
前 앞 전					
刂(刀) - 총 9획	前後(전후) 前文(전문)			상대반의어 : 後(뒤 후)	
正 바를 정					
止 - 총 5획	正直(정직) 正答(정답)			동음이의어 : 庭(뜰 정), 定(정할 정) 상대반의어 : 誤(그르칠 오)	
祖 할아비 조					
示 - 총 10획	祖父(조부) 祖上(조상)			상대반의어 : 孫(손자 손)	

💿 다음 한자의 훈음을 알아 보고 빈 칸에 알맞게 쓰세요.

足 발 족	足	足			
足 – 총 7획	不足(부족) 自足(자족)		상대반의어 : 手(손 수)		
左 왼 좌	左	左			
ㅗ – 총 5획	左右(좌우) 左心室(좌심실)		상대반의어 : 右(오른 우)		
主 주인 주	主	主			
丶 – 총 5획	主人(주인) 主食(주식)	상대반의어 : 客(손님 객) 모양이 비슷한 한자 : 王(임금 왕), 玉(구슬 옥)			
住 살 주	住	住			
亻(人) – 총 7획	住民(주민) 住所(주소)		유의어 : 居(살 거)		
重 무거울 중	重	重			
里 – 총 9획	重大(중대) 重力(중력)		상대반의어 : 輕(가벼울 경)		
紙 종이 지	紙	紙			
糹 – 총 10획	紙上(지상) 白紙(백지)		동음이의어 : 地(땅 지), 知(알 지)		
地 땅 지	地	地			
土 – 총 6획	地下(지하) 地名(지명)		상대반의어 : 天(하늘 천)		
直 곧을 직	直	直			
目 – 총 8획	直立(직립) 直前(직전)		상대반의어 : 曲(굽을 곡)		
川 내 천	川	川			
巛(川) – 총 3획	山川(산천) 大川(대천)		동음이의어 : 千(일천 천), 天(하늘 천)		

7급 한자복습(7급Ⅱ 포함)

월   일   이름: 확인:

🔖 다음 한자의 훈음을 알아 보고 빈 칸에 알맞게 쓰세요.

千 일천 천	千	千		
十 - 총 3획	千年(천년) 千金(천금)		동음이의어 : 泉(샘 천)	
天 하늘 천	天	天		
大 - 총 4획	天地(천지) 天國(천국)		상대반의어 : 地(땅 지)	
草 풀 초	草	草		
⺿(艸) - 총 10획	草木(초목) 草家(초가)		상대반의어 : 木(나무 목)	
村 마을 촌	村	村		
木 - 총 7획	村老(촌로) 村長(촌장)		유의어 : 洞(고을 동), 里(마을 리)	
秋 가을 추	秋	秋		
禾 - 총 9획	秋月(추월) 春秋(춘추)		상대반의어 : 春(봄 춘)	
春 봄 춘	春	春		
日 - 총 9획	二八靑春(이팔청춘) 春三月(춘삼월)		상대반의어 : 秋(가을 추)	
出 날 출	出	出		
凵 - 총 5획	出入(출입) 出家(출가)		상대반의어 : 入(들 입), 缺(이지러질 결), 納(들일 납)	
便 편할 편/똥·오줌 변	便	便		
亻(人) - 총 9획	便紙(편지) 便所(변소)		동음이의어 : 篇(책 편)	
平 평평할 평	平	平		
干 - 총 5획	平安(평안) 平生(평생)		동음이의어 : 評(평할 평)	

💿 다음 한자의 훈음을 알아 보고 빈 칸에 알맞게 쓰세요.

下 아래 하	下	下		
一 - 총 3획	下山(하산) 下校(하교)		상대반의어 : 上(위 상)	
夏 여름 하	夏	夏		
夂 - 총 10획	立夏(입하) 夏至(하지)		상대반의어 : 冬(겨울 동)	
漢 한나라 한	漢	漢		
氵(水) - 총 14획	漢文(한문) 漢江(한강)		동음이의어 : 韓(나라 한), 寒(찰 한)	
海 바다 해	海	海		
氵(水) - 총 10획	東海(동해) 海軍(해군)		유의어 : 洋(큰바다 양) 상대반의어 : 陸(뭍 륙)	
話 말씀 화	話	話		
言 - 총 13획	手話(수화) 電話(전화)		유의어 : 語(말씀 어), 談(말씀 담), 辭(말씀 사)	
花 꽃 화	花	花		
艹(艸) - 총 8획	花草(화초) 國花(국화)			
活 살 활	活	活		
氵(水) - 총 9획	活氣(활기) 活力(활력)		상대반의어 : 死(죽을 사)	
孝 효도 효	孝	孝		
子 - 총 7획	孝子(효자) 孝心(효심)		동음이의어 : 效(본받을 효)	
後 뒤 후	後	後		
彳 - 총 9획	後日(후일) 後學(후학)		상대반의어 : 前(앞 전), 先(먼저 선)	
休 쉴 휴	休	休		
亻(人) - 총 6획	休學(휴학) 休校(휴교)		유의어 : 息(쉴 식)	

제1회 기출 및 예상 문제 (16p~18p)

❶ (1) 발각　(2) 가면　(3) 과감　(4) 간판
(5) 시각　(6) 휴가　(7) 감량　(8) 상가
(9) 촌각　(10) 각서　(11) 병가　(12) 가정
(13) 각고　(14) 가설　(15) 가로수　(16) 정각
(17) 시가지　(18) 감각　(19) 감초　(20) 선각
(21) 감행　(22) 간병　(23) 가교　(24) 간과
(25) 서간문　(26) 가령　(27) 가명　(28) 가도
(29) 감소　(30) 간편

❷ (1) 깨달을 각　　(2) 덜 감
(3) 감히/구태여 감　(4) 새길 각
(5) 거짓 가　　(6) 방패 간
(7) 볼 감　　(8) 간략할/대쪽 간
(9) 달 감　　(10) 거리 가

❸ (1) 假定　　(2) 街路樹　　(3) 刻苦
(4) 甘言利說　(5) 果敢　　(6) 甘草
(7) 假面　(8) 休暇　(9) 覺書　(10) 看過

❹ (1) 刻　(2) 簡　(3) 假　(4) 覺　(5) 暇　(6) 干

❺ (1) ②　(2) ①　(3) ③　(4) ③

❻ (1) 減　(2) 甘　(3) 客　(4) 地

❼ (1) 歲　(2) 身　(3) 衣　(4) 技

❽ (1) 刻　(2) 甘　(3) 敢　(4) 作

❾ (1) ②　(2) ③　(3) ①　(4) ④　(5) ①　(6) ③

❿ (1) 監査　(2) 家名　(3) 減量　(4) 同期
※이외에도 여러 가지 답이 가능합니다.

⓫ (1) 편지
(2) 남보다 앞서서 깨닫는 것
(3) 마땅히 주의를 기울여 살펴야 함에도 대
　수롭지 않게 보아 넘기는 것
(4) 과감하게 행하는 것

⓬ (1) 仮　(2) 覚　(3) 売　(4) 鉄

★퍼즐로 한자를(20p)

③街	路	樹			③走	⑤馬	看	山
本							病	
	園						人	
			甘					
⑥休	⑤校		⑦男		言			
暇		女	老		利	害	打	算
			少		說			
		減						

제2회 기출 및 예상 문제 (28p~30p)

❶ (1) 별개　(2) 철갑　(3) 갱신/경신
(4) 항복　(5) 강우량　(6) 변경　(7) 강당
(8) 거물　(9) 여걸　(10) 경정　(11) 개성
(12) 걸출　(13) 특강　(14) 갱생　(15) 검약
(16) 건강　(17) 개체　(18) 걸작　(19) 강독
(20) 하강

❷ (1) 클 거　　(2) 뛰어날 걸
(3) 막을 거　　(4) 뫼 강
(5) 검소할 검　　(6) 다시 갱/고칠 경
(7) 갑옷 갑　　(8) 내릴 강/항복할 항
(9) 편안 강　　(10) 근거 거

❸ (1) 根據　(2) 下降　(3) 儉約　(4) 健康
(5) 講讀　(6) 傑作　(7) 更新　(8) 巨頭
(9) 個性　(10) 降服/降伏

❹ (1) ①　(2) ③　(3) ④

❺ (1) 弱　(2) 當　(3) 去, 往

❻ (1) 康　(2) 儉, 節　(3) 過

❼ (1) 言　(2) 信

❽ (1) ③　(2) ①　(3) ③　(4) ①

❾ (1) 貴中　(2) 改定　(3) 空約
※이외에도 여러 가지 답이 가능합니다.

❿ (1) 倹　(2) 拠　(3) 売　(4) 杰

⓫ (1) ①　(2) ③

★퍼즐로 한자를(32p)

①甲	男	乙	女			降	服		
富					雨			健	康
		特				量		實	
		講	堂						
				個	人				
⑰變	更			性				儉	素
	新					女			朴
						傑	作		

기출 및 예상문제 해답

제 3회 기출 및 예상 문제 (40p~42p)

❶ (1) 절실　(2) 경과　(3) 무관심　(4) 물질적
　 (5) 사실　(6) 성질　(7) 방편　(8) 작업

❷ (9) 世界　(10) 昨今　(11) 果然　(12) 問題
　 (13) 現實　(14) 時間　(15) 幸福　(16) 知識
　 (17) 分明　(18) 內面的

❸ (1) 결석　(2) 경향　(3) 경사　(4) 견고
　 (5) 감격　(6) 경축　(7) 청결　(8) 타격
　 (9) 애견　(10) 격변　(11) 견실　(12) 결격
　 (13) 검문　(14) 결백　(15) 간결　(16) 검사
　 (17) 경력　(18) 경과　(19) 경계　(20) 검정

❹ (1) 검사할 검　　(2) 격할 격
　 (3) 칠 격　　　　(4) 깨우칠 경
　 (5) 굳을 견　　　(6) 이지러질 결
　 (7) 깨끗할 결　　(8) 기울 경
　 (9) 지날/글 경　 (10) 지경 경

❺ (1) ②　(2) ②　(3) ④

❻ (1) 直　(2) 害　(3) 生

❼ (1) 擊　(2) 潔　(3) 堅

❽ (1) 傾　(2) 犬　(3) 激　(4) 經

❾ (1) ③　(2) ③　(3) ②　(4) ④

❿ (1) 經路　(2) 改量　(3) 給水
　 ※이외에도 여러 가지 답이 가능합니다.

⓫ (1) 堅　(2) 経　(3) 檢　(4) 欠

★퍼즐로 한자를(44p)

제 4회 기출 및 예상 문제 (52p~54p)

❶ (1) 국고　(2) 계절풍　(3) 고아　(4) 금고
　 (5) 계모　(6) 계열　(7) 위계　(8) 직계
　 (9) 고립　(10) 계명　(11) 경계　(12) 고독
　 (13) 추계　(14) 출고　(15) 사계절　(16) 계수
　 (17) 관계　(18) 사고　(19) 계급　(20) 고의
　 (21) 경기　(22) 품계　(23) 망원경　(24) 양계

❷ (1) 곳집 고　　(2) 놀랄 경　　(3) 외로울 고
　 (4) 연고 고　　(5) 섬돌 계　　(6) 거울 경
　 (7) 경계할 계　(8) 이을 계　　(9) 닭 계
　 (10) 이어맬 계

❸ (1) 系列　　　(2) 冬季　　　(3) 體系
　 (4) 境界　　　(5) 書庫　　　(6) 望遠鏡
　 (7) 養鷄場　　(8) 故意　　　(9) 季節
　 (10) 階級

❹ (1) ③　(2) ①　(3) ②

❺ (1) 果　(2) 輕　(3) 買　(4) 吉

❻ (1) 路　(2) 孤　(3) 計　(4) 章

❼ (1) 鏡　(2) 驚　(3) 故

❽ (1) ④　(2) ①　(3) ②　(4) ③

❾ (1) 家計　(2) 驚氣　(3) 高度
　 ※이외에도 여러 가지 답이 가능합니다.

❿ (1) 継　(2) 価　(3) 万　(4) 広

⓫ (1) ④　(2) ②

★퍼즐로 한자를(56p)

기출 및 예상문제 해답

제 5회 기출 및 예상 문제 (64p~66p)

❶ (1) 집단　(2) 다수결　(3) 근거　(4) 감정
　 (5) 대결　(6) 가령

❷ (7) 意思　　　(8) 國民　　(9) 形成
　 (10) 合理的　(11) 原理　(12) 可能性
　 (13) 個人　　(14) 少數　(15) 鮮明

❸ (1) 주관　(2) 곡식　(3) 탄광　(4) 곤경
　 (5) 요구　(6) 철골　(7) 구도　(8) 기공
　 (9) 학구열　(10) 공격　(11) 경구　(12) 특공
　 (13) 구성　(14) 장관　(15) 관리　(16) 곡류
　 (17) 광물　(18) 광업　(19) 오곡　(20) 철광석
　 (21) 구절　(22) 속공　(23) 문구　(24) 공자
　 (25) 구두　(26) 구애

❹ (1) 鑛　(2) 困　(3) 骨　(4) 究　(5) 官　(6) 穀

❺ (1) ①　(2) ④　(3) ②

❻ (1) 官　(2) 凶　(3) 使

❼ (1) 擊　(2) 初　(3) 止, 留

❽ (1) 骨　(2) 句

❾ (1) ②　(2) ④　(3) ①　(4) ③

❿ (1) 主觀　(2) 文具　(3) 求道
　 ※이외에도 여러 가지 답이 가능합니다.

⓫ (1) 鉱　(2) 実　(3) 坚

★퍼즐로 한자를(68p)

		①一	②言	半	句	
⑤五	④穀	百	果	中		
	類			有	⑤血	⑥管
		⑦貧		骨		理
	⑧疲	困				⑩感
			⑪要		⑪構	想
	⑫緣	木	求	魚		文

제 6회 기출 및 예상 문제 (76p~78p)

❶ (1) 궁리　(2) 태극기　(3) 극치　(4) 권학
　 (5) 귀농　(6) 궁극　(7) 굴곡　(8) 강권
　 (9) 권두　(10) 동궁　(11) 권고　(12) 귀경
　 (13) 경복궁　(14) 평균　(15) 궁지　(16) 곤궁
　 (17) 무궁화　(18) 균일　(19) 여권　(20) 귀화
　 (21) 복권　(22) 권수　(23) 통권　(24) 군자
　 (25) 권농　(26) 군도　(27) 굴복　(28) 권력
　 (29) 균등　(30) 귀가

❷ (1) 四君子　(2) 困窮　(3) 屈曲　(4) 東宮
　 (5) 窮理　(6) 旅券　(7) 權力　(8) 歸京
　 (9) 均等　(10) 勸告

❸ (1) 均　(2) 屈　(3) 勸　(4) 歸　(5) 窮　(6) 極

❹ (1) ②　(2) ④　(3) ②

❺ (1) 君　(2) 甘　(3) 着　(4) 近

❻ (1) 極　(2) 根　(3) 識　(4) 曲

❼ (1) 權　(2) 歸　(3) 九

❽ (1) ①　(2) ②　(3) ②　(4) ③

❾ (1) 記事　(2) 警戒　(3) 校監
　 ※이외에도 여러 가지 답이 가능합니다.

❿ (1) 학문을 힘써 배울 것을 권하는 것
　 (2) 차별없이 고르고 가지런한 것

⓫ (1) 勧, 効　(2) 権, 权　(3) 帰　(4) 観, 观, 視

★퍼즐로 한자를(80p)

	①四	君	子	②群		④人		
	臣			鷄		⑤權	不	十	年
				一			
				⑥鶴	首	苦	待
	⑦幸					
⑧景	福	宮				⑧太	極	旗
			⑫歸	省		陽
			化			

제 7회 기출 및 예상 문제 (88 ~90p)

❶ (1) 특성　(2) 반성　(3) 규정　(4) 착실
　 (5) 습성　(6) 전체적　(7) 감화　(8) 부단

❷ (9) 品性　(10) 心理的　(11) 氣質　(12) 原因
　 (13) 結果　(14) 決定　(15) 生活　(16) 人格
　 (17) 實行

❸ (1) 기생　(2) 금서　(3) 극장　(4) 기립
　 (5) 금지　(6) 근력　(7) 온난　(8) 심근
　 (9) 철근　(10) 근검　(11) 기능　(12) 결근
　 (13) 야근　(14) 난관　(15) 극본　(16) 근골
　 (17) 감금　(18) 기원　(19) 기관　(20) 세기
　 (21) 난류　(22) 사극　(23) 기안　(24) 발기
　 (25) 기거　(26) 극단　(27) 서기　(28) 기구
　 (29) 근로　(30) 기회

❹ (1) 일어날 기　(2) 힘줄 근　(3) 틀 기
　 (4) 어려울 난　(5) 기특할 기　(6) 벼리 기
　 (7) 심할 극　(8) 금할 금　(9) 그릇 기
　 (10) 부지런할 근

❺ (1) ①　(2) ②　(3) ③

❻ (1) 暖　(2) 問

❼ (1) 暖　(2) 巨, 偉　(3) 居

❽ (1) 器　(2) 攻　(3) 難

❾ (1) ①　(2) ③　(3) ②

❿ (1) 書記　(2) 起居　(3) 機具
　 ※이외에도 여러 가지 답이 가능합니다.

⓫ (1) 号　(2) 軽　(3) 伝

★퍼즐로 한자를(92p)

제 8회 기출 및 예상 문제 (102p~104p)

❶ (1) 단전　(2) 출납　(3) 담임　(4) 노력
　 (5) 강도　(6) 독단　(7) 도난　(8) 도망
　 (9) 수단　(10) 생도　(11) 단가　(12) 단권
　 (13) 식단　(14) 단오　(15) 악당　(16) 발단
　 (17) 교도　(18) 단군　(19) 단기　(20) 열대림
　 (21) 단식　(22) 납품　(23) 결단　(24) 귀납법
　 (25) 군대　(26) 달필　(27) 발달　(28) 도용
　 (29) 담당　(30) 격노

❷ (1) 끊을 단　(2) 띠 대　(3) 성낼 노
　 (4) 층계 단　(5) 홑 단　(6) 도둑 도
　 (7) 박달나무 단　(8) 통달할 달　(9) 들일 납
　 (10) 멜 담　(11) 무리 당　(12) 도망할 도
　 (13) 힘쓸 노　(14) 끝 단　(15) 무리 도
　 (16) 무리 대

❸ (1) 努力　(2) 激怒　(3) 手段　(4) 單價
　 (5) 端午　(6) 檀君　(7) 擔任　(8) 隊列
　 (9) 信徒　(10) 盜難

❹ (1) ②　(2) ④　(3) ③

❺ (1) 他　(2) 晝　(3) 納, 入, 缺

❻ (1) 端　(2) 達, 着　(3) 黨

❼ (1) 怒　(2) 斷　(3) 帶

❽ (1) ④　(2) ②　(3) ①　(4) ④

❾ (1) 短歌　(2) 劇團　(3) 斷定
　 ※이외에도 여러 가지 답이 가능합니다.

❿ (1) 물건의 각 단위마다의 값
　 (2) ① 맨 끄트머리
　　　 ② 어떤 조직의 제일 아랫자리 부분
　 (3) 익숙하게 잘 쓰는 글씨.또는 글씨를 잘
　　　 쓰는 사람

⓫ (1) 単　(2) 断　(3) 担　(4) 党

★퍼즐로 한자를(106p)

제 1회
모의 한자능력 검정시험

1. 가면
2. 강당
3. 결백
4. 구두
5. 권력
6. 기립
7. 발표
8. 군대
9. 단식
10. 분담
11. 악당
12. 품격
13. 경서
14. 결석
15. 소문
16. 축복
17. 흉악
18. 여행
19. 검사
20. 경계
21. 예복
22. 급구
23. 노력
24. 단가
25. 개인
26. 경사
27. 금지
28. 단오
29. 발달
30. 공과
31. 온난
32. 건강
33. 시가지
34. 용기
35. 육해
36. 집 궁
37. 다행 행
38. 이름 호
39. 본받을 효
40. 깨끗할 결
41. 판 국
42. 떨어질 락
43. 거짓 가
44. 연고 고
45. 지날 력
46. 배 선
47. 차례 번
48. 변할 변
49. 집 실
50. 펼 전
51. 볼 감
52. 깨우칠 경
53. 무리 대
54. 박달나무 단
55. 어려울 난
56. 통달할 달
57. 나눌 반
58. **明朗**
59. 順序
60. 觀光
61. 農事
62. 過速
63. 休日
64. 藥局
65. 病院
66. 室內
67. 記者
68. 新舊
69. 調和
70. 練習
71. 充當
72. 形局
73. 風速
74. 品格
75. 敎室
76. 意思
77. 植木
78. 寒
79. 加
80. 着
81. 具
82. 實
83. 競
84. **気**
85. **図**
86. **実**
87. 話
88. 着
89. 爭
90. 作
91. 讀
92. 溫
93. 無
94. 安
95. 立
96. 見
97. 庀
98. 능숙하게 잘 쓰는 글씨
99. 예로부터 전하여 내려옴
100. 맨 끝. 길이나 일의 진행이 끝까지 미쳐 나아갈 데가 없는 지경

제 2회
모의 한자능력 검정시험

1. 정각
2. 감량
3. 항복
4. 걸작
5. 타격
6. 견고
7. 경향
8. 경축
9. 경계
10. 고도
11. 금고
12. 감초
13. 별개
14. 관계
15. 곡식
16. 관리
17. 군도
18. 곤궁
19. 강권
20. 균등
21. 기생
22. 출납
23. 신도
24. 단념
25. 담임
26. 도용
27. 도망
28. 상금
29. 화재
30. 풍속
31. 흰 백
32. 집 당
33. 겨울 동
34. 씻을 세
35. 뭍 륙
36. 밝을 랑
37. 섬길 사
38. 맡길 임
39. 하여금/부릴 사
40. 원할 원
41. 닭 계
42. 검소할 검
43. 깨우칠 경
44. 들일 납
45. 무리 도
46. 은 은
47. 잎 엽
48. 곱 배
49. 씨 종

50. 가릴 선
51. 자리 석
52. 머리 두
53. 다할/궁할 궁
54. 근거 거
55. 대할 대
56. ①
57. ⑤
58. ⑧
59. 數
60. 団
61. 学
62. 舊
63. 國
64. 萬
65. 夜戰
66. 熱氣
67. 村落
68. 庭園
69. 生産
70. 消費
71. 河
72. 固
73. 本
74. 育
75. 重
76. 後
77. 夕
78. 入, 缺, 納
79. 果
80. 害
81. 目
82. 辰
83. 广
84. 風前
85. 馬耳
86. 落葉
87. 南男
88. 雪寒
89. 家計

90. 過去
91. 植樹
92. 歷史
93. 童話
94. 奉仕
95. 規則
96. 到着
97. 祝福
98. 雲集
99. 災害
100. 德談

제 3회
모의 한자능력 검정시험

1. 간편
2. 인권
3. 굴복
4. 결근
5. 대동
6. 단기
7. 기능
8. 난관
9. 계단
10. 극단
11. 무궁화
12. 공격
13. 탄광
14. 골격
15. 구성
16. 계절풍
17. 결백
18. 견고
19. 안전
20. 효과
21. 법규
22. 기자
23. 교단
24. 담화
25. 산림

26. 근로
27. 작업
28. 시작
29. 고유
30. 의복
31. 들 야
32. 물 하
33. 그릇 기
34. 조사할 사
35. 어질 량
36. 코 비
37. 온전 전
38. 풀 초
39. 그림 화/그을 획
40. 글 장
41. 집 택/댁
42. 뜻 정
43. 살 매
44. 길할 길
45. 모양 형
46. 갖출 구
47. 나그네 려
48. 사라질 소
49. 재주 술
50. 낮 오
51. 지경 경
52. 몸 기
53. 偉人
54. 性質
55. 母體
56. 原理
57. 重要
58. 落葉
59. 電話
60. 天運
61. 財産
62. 獨子
63. 全國
64. 東海
65. 停止

66. 答案
67. 要領
68. 競馬
69. 宿患
70. 充當
71. 旅費
72. 金
73. 利
74. 致
75. 苦
76. 必
77. 直
78. 身
79. 民
80. 客
81. 成
82. 去
83. 獨
84. 歌
85. 停
86. 體
87. 独
88. 伝
89. 拳
90. 高地
91. 告知
92. 金
93. 心
94. 皿
95. 도둑을 맞는 재난
96. 간단하고 편리함
97. 일부러 하는 생각이나 태도
98. ②
99. ③
100. ⑥

※4급 4급Ⅱ ①과정을 마친 다음에
　모의고사 답을 이 곳에 기재하세요.

수험번호 □□□-□□-□□□□　　성명 □□□□□

생년월일 □□□□□□　※주민등록번호 앞 6자리 숫자를 기입하십시오.　※성명을 한글로 작성.
　　　　　　　　　　　　　　　　　　　　　　　　　　※필기구는 검정색 볼펜만 가능

※ 답안지는 컴퓨터로 처리되므로 구기거나 더럽히지 마시고, 정답 칸 안에만 쓰십시오.
　 글씨가 채점란으로 들어오면 오답처리가 됩니다.

제 1회 전국한자능력검정시험 4급Ⅱ 답안지(1) (시험시간: 50분)

번호	정답	1검	2검	번호	정답	1검	2검	번호	정답	1검	2검
1				17				33			
2				18				34			
3				19				35			
4				20				36			
5				21				37			
6				22				38			
7				23				39			
8				24				40			
9				25				41			
10				26				42			
11				27				43			
12				28				44			
13				29				45			
14				30				46			
15				31				47			
16				32				48			

감독위원	채점위원(1)		채점위원(2)		채점위원(3)	
(서명)	(득점)	(서명)	(득점)	(서명)	(득점)	(서명)

제 1회 전국한자능력검정시험 4급Ⅱ 답안지(2)

번호	정 답	1검	2검	번호	정 답	1검	2검	번호	정 답	1검	2검
	답안란	채점란			답안란	채점란			답안란	채점란	
49				67				85			
50				68				86			
51				69				87			
52				70				88			
53				71				89			
54				72				90			
55				73				91			
56				74				92			
57				75				93			
58				76				94			
59				77				95			
60				78				96			
61				79				97			
62				80				98			
63				81				99			
64				82				100			
65				83							
66				84							

수험번호 ☐☐☐－☐☐－☐☐☐☐   성명 ☐☐☐☐☐

생년월일 ☐☐☐☐☐☐   ※주민등록번호 앞 6자리 숫자를 기입하십시오.   ※성명을 한글로 작성.
※필기구는 검정색 볼펜만 가능

※ 답안지는 컴퓨터로 처리되므로 구기거나 더럽히지 마시고, 정답 칸 안에만 쓰십시오.
글씨가 채점란으로 들어오면 오답처리가 됩니다.

제 2회 전국한자능력검정시험 4급 답안지(1) (시험시간: 50분)

번호	정 답	1검	2검	번호	정 답	1검	2검	번호	정 답	1검	2검
1				17				33			
2				18				34			
3				19				35			
4				20				36			
5				21				37			
6				22				38			
7				23				39			
8				24				40			
9				25				41			
10				26				42			
11				27				43			
12				28				44			
13				29				45			
14				30				46			
15				31				47			
16				32				48			

감독위원	채점위원(1)		채점위원(2)		채점위원(3)	
(서명)	(득점)	(서명)	(득점)	(서명)	(득점)	(서명)

제 2회 전국한자능력검정시험 4급 답안지(2)

번호	정 답	1검	2검	번호	정 답	1검	2검	번호	정 답	1검	2검
	답안란	채점란			답안란	채점란			답안란	채점란	
49				67				85			
50				68				86			
51				69				87			
52				70				88			
53				71				89			
54				72				90			
55				73				91			
56				74				92			
57				75				93			
58				76				94			
59				77				95			
60				78				96			
61				79				97			
62				80				98			
63				81				99			
64				82				100			
65				83							
66				84							

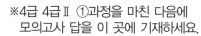

※4급 4급Ⅱ ①과정을 마친 다음에
　모의고사 답을 이 곳에 기재하세요.

수험번호 □□□-□□-□□□□　　　성명 □□□□□

생년월일 □□□□□□　※주민등록번호 앞 6자리 숫자를 기입하십시오.　※성명을 한글로 작성.
　　　　　　　　　　　　　　　　　　　　　　　　　　　　　　※필기구는 검정색 볼펜만 가능

※ 답안지는 컴퓨터로 처리되므로 구기거나 더럽히지 마시고, 정답 칸 안에만 쓰십시오.
　글씨가 채점란으로 들어오면 오답처리가 됩니다.

제 3회 전국한자능력검정시험 4급 답안지(1) (시험시간: 50분)

번호	정 답	1검	2검	번호	정 답	1검	2검	번호	정 답	1검	2검
1				17				33			
2				18				34			
3				19				35			
4				20				36			
5				21				37			
6				22				38			
7				23				39			
8				24				40			
9				25				41			
10				26				42			
11				27				43			
12				28				44			
13				29				45			
14				30				46			
15				31				47			
16				32				48			

감독위원	채점위원(1)		채점위원(2)		채점위원(3)	
(서명)	(득점)	(서명)	(득점)	(서명)	(득점)	(서명)

※ 답안지는 컴퓨터로 처리되므로 구기거나 더럽히지 마시고, 정답 칸 안에만 쓰십시오. 글씨가 채점란으로 들어오면 오답처리가 됩니다.

제 3회 전국한자능력검정시험 4급 답안지(2)

번호	정 답	1검	2검	번호	정 답	1검	2검	번호	정 답	1검	2검
49				67				85			
50				68				86			
51				69				87			
52				70				88			
53				71				89			
54				72				90			
55				73				91			
56				74				92			
57				75				93			
58				76				94			
59				77				95			
60				78				96			
61				79				97			
62				80				98			
63				81				99			
64				82				100			
65				83							
66				84							